वाचनाचार्य-सुधाकलशविरचितः
सङ्गीतोपनिषत्सारोद्धारः

वाचनाचार्य-सुधाकलशविरचितः
सङ्गीतोपनिषत्सारोद्धारः

सम्पादक
लावण्य कीर्ति सिंह 'काव्या

कनिष्क पब्लिशिंग हाउस
नई दिल्ली-११० ००२

कनिष्क पब्लिशिंग हाउस
4695/5-21 ए, अंसारी रोड, दरियागंज
नई दिल्ली-110 00२
फोनः 2327 0497
(M) : 9810041277, 9654296751
E-mail: kanishka_publishing@yahoo.co.in

वाचनाचार्य-सुधाकलशविरचितः
सङ्गीतोपनिषत्सारोद्धारः

प्रथम संस्करण-2023

ISBN: 978-93-93322-24-1

भारत में मुद्रित

कनिष्क पब्लिशिंग हाउस, 04694/5-21 ए, अंसारी रोड, दरियागंज, नई दिल्ली-110 002 से चैतन्य सचदेवा द्वारा प्रकाशित; क्वालिटी प्रिंटर्स, दिल्ली द्वारा शब्द-संयोजन तथा नाइस प्रिंटिंग प्रेस, दिल्ली द्वारा मुद्रित।

वाचनाचार्य-सुधाकलशविरचितः
सङ्गीतोपनिषत्सारोद्धारः

सम्पादक
लावण्य कीर्ति सिंह 'काव्या

कनिष्क पब्लिशिंग हाउस
नई दिल्ली-११० ००२

कनिष्क पब्लिशिंग हाउस
4695/5-21 ए, अंसारी रोड, दरियागंज
नई दिल्ली-110 00२
फोनः 2327 0497
(M) : 9810041277, 9654296751
E-mail: kanishka_publishing@yahoo.co.in

वाचनाचार्य-सुधाकलशविरचितः
सङ्गीतोपनिषत्सारोद्धारः

प्रथम संस्करण-2023

ISBN: 978-93-93322-24-1

भारत में मुद्रित

कनिष्क पब्लिशिंग हाउस, 04694/5-21 ए, अंसारी रोड, दरियागंज, नई दिल्ली-110 002 से चैतन्य सचदेवा द्वारा प्रकाशित; क्वालिटी प्रिंटर्स, दिल्ली द्वारा शब्द-संयोजन तथा नाइस प्रिंटिंग प्रेस, दिल्ली द्वारा मुद्रित।

ग्रन्थ परिचय

भारतीय संगीत-ग्रन्थों की विस्तृत शृंखला में सुधाकलशविरचित 'सङ्गीतोपनिषत्सारोद्धारः' एक महत्त्वपूर्ण ग्रन्थ है। 'सङ्गीतोपनिषत्सारोद्धारः' ग्रन्थ की कई पाण्डुलिपियाँ प्राप्त होती हैं। 'जैनरत्नकोष' के भाग-१, पृ० ४०९ में एच० डी० वेलंकर ने इसे 'संगीतसारोद्धार' व 'संगीतोपनिषत्सार' के रूप में भी निर्दिष्ट किया है। राजेन्द्रलाल मित्र के द्वारा महाराजा बीकानेर के पुस्तकालय में संस्कृत पाण्डुलिपियों की सूची में सं० ११२६ और ११२७ पर इसकी दो पाण्डुलिपियों की सूचना दी गई है। एच० डी० वेलंकर द्वारा सम्पादित 'ए डिस्क्रिप्टिव कैटेलॉग ऑफ दी मैनुस्क्रीप्ट्स' इन द बॉम्बे ब्राञ्च ऑफ द रॉयल एशियाटिक सोसाइटी' में एक अन्य पाण्डुलिपि (सं० ४३४) की सूचना प्राप्त होती है। इसमें मात्र द्वितीय अध्याय है। श्री वेलंकर ने दो और प्रतियों की सूचना 'जैनरत्नकोष' में दी है जो श्रीआत्माराम जैन ज्ञान मन्दिर, बड़ौदा में है जिसकी संख्या क्रमशः १९५३ और १४४२ है। सी० कन्हण राजा और के० महादेव कृष्ण शर्मा द्वारा सम्पादित 'द कैटलॉग ऑफ अनूप संस्कृत लाइब्रेरी, बीकानेर, १९४७ में सभी बीकानेर प्रतियों की सूचना निर्दिष्ट है। इस कैटलॉग के अनुसार बीकानेर में तीन 'पाण्डुलिपियाँ' हैं, जिनमें से सं० १९५ जिसकी ५५ जिल्द (Folios) हैं, में १५१७ संवत् अंकित है।

प्रस्तुत ग्रन्थ का आधार गायकवाड़ ओरिएण्टल सिरीज द्वारा प्रकाशित और (सं० १३३) का बी० जे० सन्देसरा द्वारा सम्पादित मूल ग्रन्थ 'वाचनाचार्य-सुधाकलशविरचितः सङ्गीतोपनिषत्सारोद्धारः' है। इस ग्रन्थ के आरम्भ में परिचय के अन्तर्गत सम्पादक ने लिखा है कि बीकानेर और

बॉम्बे की प्रतियों का उपयोग उन्होंने नहीं किया है। उन्होंने जिन चार पाण्डुलिपियों के आधार पर सम्पादन किया है, वे निम्नलिखित हैं–

(अ) श्री आत्मारामजी जैन ज्ञानमन्दिर, बड़ौदा में संरक्षित प्रवर्त्तक श्री कान्तिविजय जी के संग्रह से,

पाण्डुलिपि सं० १९५३

आकार : ११.५ इंच × ५-४ इंच

जिल्द (Folios) २०, प्रतिपृष्ठ १५ पंक्तियाँ

(ब) श्री आत्मारामजी जैन ज्ञानमन्दिर, बड़ौदा में संरक्षित मुनि श्री हंसविजय जी के संग्रह से,

पाण्डुलिपि सं० १४४२

आकार: १०.८ इंच × ४.७ इंच

जिल्द (Folios) २०, प्रतिपृष्ठ १७ पंक्तियाँ, प्रतिपंक्ति ४९ अक्षर

लिपि: देवनागरि, १६१२ (विक्रम, संवत् १५५६ A.D.)

(स) भारतीय संस्कृति विद्या मन्दिर, अहमदाबाद को प्रदत्त, अगम-प्रभाकर मुनि श्री पुण्यविजयजी के संग्रह से,

पाण्डुलिपि सं० २१८

आकार : ११.८ इंच × ४.७ इंच

जिल्द (Folios) २८, प्रतिपृष्ठ १२ अथवा १३ पंक्तियाँ, प्रतिपंक्ति ४२ से ४५ अक्षर

लिपि : देवनागरि

(द) ओरिएन्टल इन्स्टीच्यूट, बड़ौदा में पाण्डुलिपियों के वर्णानुक्रमिक सूची से,

पाण्डुलिपि सं०. Vol. II (G. O. S. Vol. CXIV, Baroda, 1950), pp. 1154-1155

आकार : ८ इंच × ५ इंच

जिल्द (Folios) १२

लिपि : देवनागरि

१३५० ई० (१४०६ संवत्) में लिखा गया यह ग्रन्थ भारतीय कलाओं को जैन आचार्यों की देन को प्रस्तुत करता है। इस ग्रन्थ के छठे अध्याय के अन्त में ग्रन्थ-रचनाकाल एवं ग्रन्थकार के गुरु तिलक एवं रामशंकर का वर्णन है। इसके रचयिता 'वाचनाचार्य' श्री सुधाकलश श्वेताम्बर जैन आचार्य थे।

सुधाकलश ने अपने ग्रन्थ 'संगीतोपनिषत्सारोद्धार' के अन्त में (अध्याय - ६, श्लोक १४३-१४४) यह स्वाल्प परिचय दिया है। श्वेताम्बर जैन सम्प्रदाय के श्री हर्षपुरियागच्छ ने अनेक रचनाएँ की। इस सम्प्रदाय के विद्वानों को चालुक्य वंश के राजा ने 'मालाधारी' उपाधि दी थी। इस परम्परा में श्री अभयदेवसूरी एवं अन्य को भी 'मालाधारी' उपाधि दी गई है। इस परम्परा का चित्रण इस प्रकार होगा–

श्री हर्षपुरियागच्छ

↓

श्री जयसिंह सूरी

↓

श्री अभयदेव सूरी

↓

श्री हेमचन्द्र सूरी

↓

श्री विजय सिंह सूरी

↓

श्री चन्द्र सूरी

↓

श्री देवभद्र सूरी | श्री मुनिचन्द्रसूरी | श्री विबुधाचन्द्र सूरी | श्री लक्ष्मण गनी

↓

श्री देवानन्द सूरी

↓

श्री देवप्रभा सूरी

↓

श्री नरचन्द्र सूरी

↓

↓ श्री नरेन्द्रप्रभा — ↓ श्री उदयप्रभा — ↓ श्रीपद्मदेव — ↓ श्रीराजशेखर सूरी

श्रीपद्मदेव ↓ श्री तिलक

श्रीराजशेखर सूरी ↓ सुधाकलश

श्री नरचन्द्र सूरी संगीतज्ञानी थे। उनके प्रशिष्य श्री तिलक ग्रन्थकार सुधाकलश के दीक्षा-गुरु थे। श्री राजशेखर भी सुधाकलश के गुरु थे।

'सुधाकलश' को प्राप्त उपाधि 'वाचनाचार्य' उन्हें दार्शनिक एवं शास्त्रज्ञ भी सिद्ध करता है। 'सुधाकलश' की अन्य रचना 'एकाक्षर नाममाला' भी है जिसमें पचास श्लोक हैं। इस ग्रन्थ के अन्त में उन्होंने स्वयं को मालाधारी गच्छ के श्री राजशेखर का शिष्य कहा है।

अद्यतन, 'संगीतोपनिषत्सारोद्धार' ग्रन्थ की चार पाण्डुलिपियाँ उपलब्ध हैं। इस ग्रन्थ में छः अध्याय हैं–

१. गीत प्रकाशन
२. ताल प्रकाशन
३. गणस्वररागादि प्रकाशन
४. चतुर्विध वाद्य प्रकाशन
५. नृत्यांगोपांगप्रत्यंग प्रकाशन, तथा
६. नृत्यपद्धति प्रकाशन

इस ग्रन्थ में नृत्य विषयक दो अध्याय हैं, ऐसा किसी अन्य ग्रन्थ में नहीं मिलता।

'संगीतोपनिषत्' नामक ग्रन्थ के रचनाकार सुधाकलश थे और इसी का 'सार-ग्रन्थ' 'संगीतोपनिषत्सारोद्धार' को माना गया है। 'संगीतोपनिषत्' की रचना १३२४ में सुधाकलश ने की थी। प्रस्तुत ग्रन्थ इसी से संगृहीत है।

प्रथम अध्याय (गीत प्रकाशन)

इस अध्याय के प्रथम तीन श्लोकों में देवी-देवताओं तथा गुरु की वन्दना की गई है। इसके बाद अपने पूर्ववर्ती आचार्यों का उल्लेख है, यथा- पार्वती (शैलात्मजा), कोहल, दत्तिल आदि। भगवान शंकर के द्वारा वर प्राप्त करने पर रावण के विजयी होने, मानव, देव, असुरादि में संगीत के महत्व को प्रतिपादित किया गया है। मृग, नागादि की प्रार्थना भी की गई है। शिव के बना शक्ति और शक्ति के बिना शिव की कल्पना ही नहीं की जा सकती। राजगृह, मन्दिर आदि में गीत, वाद्य एवं नृत्य का वर्णन भी है। सातों स्वर, स्वरों के तीन प्रकार, नर-नारी, संतान आदि का विवरण है। नारी एवं पुरुष की वयस्क अवस्था के स्वरों का वर्णन है। ऐसी वयस्क नारी के मधुर कण्ठधारिणी को **'चिहाली'** कहा है। 'परब्रह्म', 'पराशक्ति' और 'ओ३म्' की ध्वनि नादात्मक है। ब्रह्मा, विष्णु और महेश-ये तीनों नाद की आत्मा हैं। 'ना' प्राण है, 'द' अग्नि है, इन दोनों के मेल से नाद उत्पन्न है। इसके बाद गीत की व्याख्या की गई है। गीत के दो प्रकार हैं– निबद्ध और अनिबद्ध। अनिबद्ध में आलप्ति मात्र है। निबद्ध में धातु और अंग हैं जिनमें तीन भाग हैं प्रबन्ध, रूपक और वस्तु। विभिन्न रागों-तालों में निबद्ध प्रबन्धों की संख्या १०२ है– मातृका, हयलील, इभलील, कुण्दक, रागकदम्बक, हंसलील, सुदर्शन, पंचतालेश्वर, चर्या, सिंहविक्रान्त, नन्दन, रणरंग, जयश्री, विजय, हर्षवर्द्धन, पट, बन्ध, स्वर, पदकर्ण, वर्तिनी, नंदललित एवं अन्य। (यहाँ 'अन्य' में ही शेष प्रबन्धों के नाम समाहित कर दिए गए हैं। चूँकि इस काल में बहुत कम प्रबन्ध ही प्रयोग में हैं और प्रबन्ध रचनाकार भी नहीं हैं, अतः प्रबन्धों के नाम एवं उनकी विशेष व्याख्या नहीं की जा रही है, ऐसा ग्रन्थकार ने लिखा है।)

इसके बाद रूपक, चार धातुओं (उदग्राह, मेलापक, ध्रुव एवं आभोग) का वर्णन है। उद्ग्राह से आरम्भ होता है अतः इसे **'उदग्राह'**; **'ध्रुव'** अटल है; **'आभोग'** से अन्त होता है तथा उद्ग्राह और ध्रुव को जो मेल कराता है, जोड़ता है, अतः उसे **'मेलापक'** कहा है। अंग छः हैं– **स्वर, राग, ताल, तेन्न, विरुद, पाट** और **पद**। प्रबन्ध की पाँच जातियाँ इस प्रकार हैं– द्विश्रुति, त्रिश्रुति, चतुःश्रुति, अनिर्युक्त और निर्युक्त। वस्तु, सूड, ध्रुव आदि

दस रूपक हैं। पंचविध सूड हैं– उत्तमोत्तम, उत्तम, मध्यम, जघन्य और अतिजघन्य। सूड का उत्तमोत्तम प्रकार सालिग है। इसके बाद ध्रुव, मण्ठ, प्रतिमण्ठ, नि:सारूक, अठताल, रास एवं एकताली आदि का विचेचन है। सोलह ध्रुव इस प्रकार हैं– जयन्त, शेखर, उत्साह, मधुरा, निर्मला, कुन्तल, कमल, चारा, नन्दन, चन्द्रशेखर, कामद, विजय, कन्दर्प, जयमंगला, तिलक और ललित। छः प्रकार के मण्ठ हैं– कमलाकर, कलाप, कमल, सुन्दर, वल्लभ एवं मंगला। इनके साथ रस भी निर्दिष्ट हैं। चार प्रतिमंठ (अमर, मन्दिरा, विचार और कुन्द), छः नि:सारूक (समर, विशाल, नन्द, बैकुण्ठ, वांछित और विजय), छः अट्टताल (नि:संक, चमर, अमर, अरविन्द, सुनन्द और महाशील), छः रासक (कम्बुज, मन्दिरा, अम्बुज, विनोद, चन्द्र और सरस) और तीन एकताली (रामा, तारा और चन्द्रिका) का विवेचन किया गया है। सात सालिग सूड कहे गए हैं। इसके अतिरिक्त एला, गनैला, ढेंकी तथा आलि सूडों की गणना के साथ प्रथम अध्याय यह कहते हुए समाप्त हुआ है कि ग्रन्थ को अनावश्यक रूप से अधिक लम्बा नहीं करने के कारण इनका वर्णन नहीं किया गया।

द्वितीय अध्याय (ताल प्रकाशन)

संगीत के विभिन्न तत्वों से धन्य इस पृथ्वी के सभी देवी-देवताओं की स्तुति से आरंभित इस अध्याय में कहा गया है कि यह सर्वविदित है कि संगीत की निष्पत्ति भगवान शिव द्वारा ही हुई है। गीत, वाद्य और नृत्य के तीनों ही ताल के बिना शोभित नहीं होते। ताल समय मापता है। उसके बाद तूर्यत्रिक की उत्पत्ति भी कही गई है। इस अध्याय में पाँच द्रुत (बिन्दु, द्रुत, व्योम, व्यंजन एवं अर्द्धमात्रिक), पाँच लघु (व्यापक, सरल, ह्रस्व, लघु एवं मात्रिक), पाँच गुरु (गुरु, दीर्घ, वक्र, कला तथा द्विमात्रिक), पाँच प्लुत (त्रिमात्रिक, प्लुत, दीप्त, त्र्यंग एवं सोमोद्भव) तथा दो अन्य (अर्द्धद्रुत एवं पंचभद्र) आदि तालों, उनकी संख्या तथा प्रत्येक के कालमान का विस्तृत वर्णन है। इनके साथ-साथ भगवान शिव द्रुत, पार्वती लघु, शिव और गौरी गुरु तथा ब्रह्मा, विष्णु एवं महेश की प्लुत की स्थिति कही गई है। सम, अतीत और अनागत ये तीनों ताल के ग्रह हैं। ताल में गति आनन्द

देता है, वह लय है। ताल निष्पत्ति के पाँच प्रस्तार हैं– प्रस्तार, सांख्य, नष्ट, उद्दिष्ट, एवं कलित। इनका विस्तृत वर्णन ग्रन्थ में किया गया है।

इस अध्याय में विभिन्न मात्राओं के ७३ तालों का स्वरूप-विवेचन किया गया है–

एकमात्रिक ताल के अन्तर्गत-	एकताली, आदिताल, चण्डनि:सारूक, क्रीड़, अन्तराक्रीड़, तृतीय, लघुशेखर = ७
द्विमात्रिक ताल-	झम्पा, तुरंगलील, हंसलील, द्वितीयका, गारूगि, प्रतिताल = ६
त्रिमासिक ताल-	रति, नि:सारूक, दर्पण, सिंहलील, षट्ताल, कुडुक्क = ६
चतुर्मात्रिक ताल-	वर्धापन, उदीक्षण, मल्ल, वर्णभिन्न, ललित, मण्डक, विषम, रंग, मल्लिकामोद, लीला, प्रतापवर्धन, रागवर्धन = १२
पंचमात्रिक ताल-	अभंग, रायवंकोल, त्र्यश्रवर्ण, अभिनन्दन, राजविधाधर, खण्डकंकाल, वर्धन, उत्सव = ८
षड्मात्रिक ताल-	चाचपुट, त्रिभिन्न, परिक्रमा, उद्घट, वनमाली, कन्दर्प, कोकिलाप्रिय, मकरन्द, मुकुन्द, बिन्दुमाली कन्दुक, श्रीकीर्ति, सरभलील = १३
सप्तमात्रिक ताल-	राजचूड़ामणि, नान्दी, श्री नन्दन, चतुर्मुख, नारायण, दीपक = ६
अष्टमात्रिक ताल-	चच्चत्पुट, सिंहनाद, जयश्री, जयमंगल, श्रीरंग, हंसनाद = ६

नवमात्रिक ताल-	जय, वसन्त, रंगोद्योतन = ३
दसमात्रिक ताल-	रंग प्रदीपक, षट्पितापुत्रक, पार्वती-लोचन, सिंहविक्रीडित, = ४
त्रिशन्मात्रिक ताल-	पूर्णचन्द्र = १
षष्ठिमान्त्रिक ताल-	पृथ्वीकुण्डल = १

तृतीय अध्याय (गणस्वररागादि प्रकाशन)

आरम्भ में ब्रह्मा, विष्णु, महेश की स्तुति करते हुए उन्हीं के द्वारा पृथ्वी, जल, अग्नि, वायु, सूर्य, चन्द्रमा और आत्मा इन सातों की उत्पत्ति कही गई है। गणों की विस्तृत व्याख्या की गई है। म, य, र, स, त, ज, भ, न-इन वर्णों से ही गण की उत्पत्ति हुई है, जैसा कि 'चूड़ामणि' में कहा गया है। नगण, यगण, रगण, सगण, तगण, जगण, भगण, नगण के साथ-साथ पद्य, दण्डक, राग, रागांग, भाषांग, क्रियांग, उपांग, स्वर, ग्राम, श्रुति, मूर्च्छना, ताल, आलप्ति एवं सात स्वरों के उच्चारण स्थान, स्वरूप, रस, एवं लक्षणों का भी वर्णन है।

ग्राम - मन्द्र, मध्य एवं तार की संज्ञा दी गई है।

मूर्च्छना - बाधा, लाला, समाधानी, पूरणी, अपराजिता, विगलिता, संयमिनी, मन्द्रा, भ्रमिताक्षरा, द्राविता, मंगला, रामा, सुखकृता, जयशेखरा, रमणी, शोभिता, नादा, अभिचरिता, नादत्त, कामिका और चण्डा-इन इक्कीस मूर्च्छनाओं के नाम परिगणित हैं। प्रथम स्वर षड्ज से प्रथम मूर्च्छना तथा निषाद अन्तिम स्वर है।

तान - ४९ तानों की संख्या दी गई है। ताना, नाता, नन्ता, तन्न, तेन्न, तेन्नक, तन्नक- में सात तान स्वरों के हैं जिनसे ७ × ७ = ४९ तानों की संख्या बनती है।

श्रुति - नादान्ता, निष्कला, गूढ़ा, सकला, गधुरा, कामांगा, मधुरा, श्यामा, तारा, चन्द्राननना, शुभा, असम्पूर्णा, वरा, पूर्णा, रंजिका, वाटिका, परा, प्रसन्ना, मदना, वामा, बाला और मधुमती ४-३-२-४-३-४-२ श्रुत्यंतर पर इन २२ श्रुतियों के नाम उल्लिखित हैं। यथा–

चतुःश्रुतिस्त्रिश्रुतिः स्याद्द्विश्रुतिश्च चतुःश्रुतिः।

त्रिश्रुतिश्चतुःश्रुतिश्च द्विश्रुतिश्च स्वरा मताः।।

यहाँ 'मधुरा' की पुनरावृत्ति हुई है।

राग - रागों की संख्या १६,००० कही गई है। उन्हें गोपियों द्वारा निर्मित कहा है। इन सभी रागों का अध्ययन असम्भव है, ऐसा भी कहा गया है।

छः रागों (श्री, वसन्त, भैरव, पंचम, मेघ, नटनारायण) में प्रथम 'श्री' है और प्रत्येक की छः-छः भार्यायें अथवा भाषा रागिनियाँ निम्नवत् हैं–

श्री-	गौरी, कोलाहल, अन्धाली, द्रविडी, मालकैशिकी और देवगान्धारी
वसन्त-	आन्दोला, कैशिकी, प्रथममंजरी, गुण्डगिरी, देवशाखा और रामग्री
भैरव-	भैरवी, गुर्जरी, भाषा, वेलाकुली, कर्णाटी और रक्तहंसा
पंचम-	त्रिगुणा, स्तम्भतीर्थी, आभीरी, ककुभा, वइराडी और सामेरी।
मेघ-	बंगला, मधुरा, कामोदा, चोक्षसाटिका, देवगिरी और देवाला
नट्टनारायण-	तोटिका, मोटिका, नट्टा, डुम्बी, मल्लारी और सिन्धु मल्लारी

इन रागों की विवेचना के अन्तर्गत, इसके स्वरूप एवं इनके ध्यान-मंत्र भी दिए गए हैं। **यह नारद कृत 'राग सागर' के बाद राग-ध्यान का प्रथम उपलब्ध ग्रन्थ है।** इन छत्तीसों भार्याओं के हाथ में वीणा है।

रागांग, भाषाग, क्रियांग और उपांग का भी उल्लेख है, यथा–

रागांग- देवशाखा, मालवश्री, धनाश्री, दीपक, एवं अन्य।

भाषांग- वृहती, पुलन्ध्रिका, सैंधवी, ललिता, भीमपलासी एवं अन्य।

क्रियांग- वैराटिका, वृद्धहंसा, सौराष्ट्रिका एवं अन्य।

उपांग- केदार, वर्णस्थानाख्य, मालविका, कर्णाटबंगालमुखा एवं गौड के सभी प्रकार।

रागों को चार वर्गों में बाँटा गया है– **देश्य, शुद्ध, सालग और छाइला।** रागों के अन्य चार प्रकार हैं– **औडव, षाडव, पूर्ण और अपूर्ण।** ग्रन्थ में रागों के लिंग-भेद का मात्र उल्लेख किया गया है।

अलंकारों के विश्लेषण के क्रम में शिवमत में १२ और गौरी मत में १८ अलंकारों का वर्णन किया गया है। गौरी मत के १८ अलंकारों में ही शिवमत के १२ अलंकार सम्मिलित हैं। इन अठारह अलंकारों के नाम इस प्रकार हैं– प्रसन्न, परावृत्त, निवृत्त, परिवर्तक, आक्षिप्त, सम्प्रदान, उद्वाह, उपलोलक, क्रामक, बहुमान, घातक, मलिन, हुंकार, उद्योत, विद्योत, जुबाहु, प्रौढ़ और सन्मुख। इन अलंकारों की स्वरलिपि सहित विवरणी के बाद स्वर करण एवं पाट करण आदि के भी लक्षण दिए गए हैं।

चतुर्थ अध्याय (चतुर्विधवाद्य प्रकाशन)

इस अध्याय में वाद्यों का विस्तृत वर्णन है। वाद्यों के चार प्रकार कहे गए हैं- तत, घन, सुषिर और आनद्ध। इसके अतिरिक्त वाद्य के अन्य प्रकारों का भी उल्लेख किया गया है। पाँच ध्वनि-नादों को भी बताया है, यथा–

१. आहत

२. अनाहत

३. दण्डाहत

४ कराहत, एवं

५. वाताहत

तत वाद्य- इसके अन्तर्गत वीणा के विभिन्न प्रकारों का वर्णन किया

गया है। यथा-पिनाकी, किन्नरी आदि। पिनाकी गज से बनता है और इसमें एक तुम्बा होता है। कुछ देव वीणाओं, यथा-शिव वीणा अर्थात् अनालम्बी, सरस्वती वीणा '**कच्छपी**', विश्वावसु वीणा '**वृहती**', नारद की '**महती**', तुम्बरू की '**कलावती**', शिव के गणों की '**प्रभावती**' के अतिरिक्त घोषवती, विपंची, कण्डकूणिका, वल्लकी, ब्रह्मवीणा आदि कई प्रकार हैं। तन्त्री के आधार पर एकतन्त्री, द्वितन्त्री, त्रितन्त्री, सप्ततन्त्री, एकविंशतितन्त्री वीणाएँ भी हैं। वीणा-वादन की विधि भी दी गई है जिनमें कत्रवाड, बूटवाड, धन्द, धारा, कैकुटी, कंकाल, हांफ, हूँफा, तिरिया, बहणि, बलि, वयणि, कोमली, तीषि, उषि, भरित, पूरित, ओहर, प्रसर, त्राण, प्राण, धात, पात, संलेख, लेख, उल्लेख, लेखक, घोष, अर्द्धकर्त्तरी, रेफ आदि का वर्णन है।

वीणा के प्राण, आलप्ति का भी उल्लेख किया है। '**पट्टाउज**' वाद्य को भी वीणा की ही भाँति माना गया है।

घन वाद्य - घन वाद्यों में ताल (हस्त संचालन), कांस्य, झल्लरी आदि मुख्य हैं। यह वाद्य समय मापता है। संगीत में (गायन-वादन पद्धति में) ये संगति करते हैं। कांस्यताल बड़ा और गोल होता है, झल्लरी धातु के बने होते हैं जो मजबूत और बड़े होते हैं।

सुषिर वाद्य - सुषिर वाद्यों की श्रेणी में वंशी, शंख, भुंगला, भेरी, शृंग, वंसुली आदि मुख- वाद्य आते हैं। इनके निर्माण की सामग्री एवं विधि का भी उल्लेख है। बाँसुरी में ऊपरी छोर से तीन अँगुली छोड़कर एक छिद्र तथा दूसरी छोर से एक अँगुली के अन्तर पर सात अन्य छिद्र होना चाहिए जिसे दोनों हाथों की अँगुलियों से बजाया जाय। इन छिद्रों से ध्वनि उत्पन्न होती है। बारह प्रकार की बाँसुरी (वंशी) कही गई है। मुखरन्ध्र (मुख छिद्र) और ताररन्ध्र (प्रथम छिद्र) के बीच की दूरी एक अँगुली के बराबर होती है। यह बाईस अँगुलियों के माप तक भी होता है। नौ अंगुल बाँसुरी को '**जय**', बारह अंगुल बाँसुरी को '**विजय**', तेरह अंगुल को '**नन्द**', चौदह अंगुल की बाँसुरी को '**महानन्द**' कहा गया है। ये चार ही स्वीकार्य हैं।

इन बाँसुरियों के चार प्रकार हैं– **इरला, विरला, पौरा एवं प्रौढ़ा।**

बाँसुरी-वर्णन के बाद अन्य सुषिर वाद्यों में शंख, भुंगला, भेरी, शृंग, वंसुली, काहला इत्यादि के स्वरूप एवं बनावट का वर्णन है। तुररीय, मधुकरी आदि भी सुषिर वाद्य की श्रेणी में आते हैं जो मुख से बजाये जाते हैं। शंख समुद्री होता है, भुंगला ताम्र निर्मित है। भेरी राजाओं का वाद्य है। शृंग साँढ़ के सींग से बना है, काहला निम्नवर्गीय वाद्य है। मधुकरी एक युद्ध वाद्य है।

आनद्ध वाद्य- आनद्ध वाद्यों में मुरज, मृदंग, ढक्का, निस्साण, त्रिवली, पटह आदि वाद्य आते हैं जो चमड़े से युक्त होते हैं। जैन मत के अनुसार, मुरज शंख से उत्पन्न है। ऐसा कहा जाता है कि मुरज भगवान शिव द्वारा निर्मित है। इसकी उत्पत्ति-सम्बन्धी कथा भी वर्णित है। मुरज वाद्य के ३५ पाट (शब्द) हैं जिनमें **नागबन्ध, स्वस्तिक, शुद्धा, अलग्नक और समखली-** इन पाँच को **'मुख्य पाट'** कहा है और इनमें से प्रत्येक के सात-सात प्रकार निम्नवत् हैं–

नागबन्ध- नागबन्ध, पणव, एका, एकसरा, दूसारा, संचार और विचार।

स्वस्तिक- स्वस्तिक, बलिकोहल, कुल्लविक्षेपक, चार, विनिषण्णक, खण्डनाग और विश्वास।

शुद्ध- शुद्धा, स्वरस्फुरण, उत्फुल्ल, सुप्रिया, दभ, नकार और मानवल्ली।

अलग्नक- अलग्नक, शुद्धरूपा, विश्राम, विषमखली, आनन्द, शुचि और स्फुरण।

समखली- समखली, विकट, सुघट, अवघटत, शुभ, अड्डखली और अनुच्छल्ला।

मृदंग के लिए ३५ पाट दिए गए हैं। इन पाटों के बोल दिए गए हैं। अन्य प्रकारों में कर्त्तरी, समकर्त्तरी, समनख, पाणिहस्त, स्वस्तिक आदि प्रमुख हैं। ग्रन्थ के अधिक लम्बा होने के भय से इनके बजाने के तरीके नहीं दिए गए हैं, ऐसा ग्रन्थकार ने लिखा है।

ब्रह्मा अंगूठा के, **शिव** तर्जनी के, **विष्णु** मध्यमा के, अनामिका के सभी **देव,** कनिष्ठा के **ऋषि** तथा पूरी हथेली के राजा **सूर्य** हैं। हाथ के पार्श्व भाग में चन्द्रमा की स्थिति हैं। अग्नि दाहिने हाथ तथा वरूण बायें हाथ के देवता हैं। इस प्रकार, सभी देवताओं का निवास हाथों में है।

तूर्य, मृदंग, मार्दल, मुरज, तूर, नद्ध, महावाद्य, द्विमुख, पाटसागर आदि को शिव द्वारा निर्मित कहा गया है। भगवान ने मुरज नामक वाद्य का निर्माण नृत्य और नाटक के लिए किया।

अन्य आनद्ध वाद्य- ढक्का, नि:स्वन आदि राजाओं के वाद्य हैं। त्रिवलि भी आनद्ध वाद्य है। मार्ग, देशी और अन्य **पटह वाद्य (द्विमुखी)** संगीत और नृत्य का मंदिरों एवं राज्याश्रयों में संगत करते हैं। आउजा, धाउजय, खाउजा, पटाउजा, ढ़ोल्ल, तब्ल, डंफा, टामकी, डउडी, डमरूक, बुक्का, दुद्याडी, कुण्डली, घट आदि का भी उल्लेख है। वाद्यों के वादन हेतु तन्मयता से पाटों (बोलों) का अभ्यास करना चाहिए।

जिन अन्य वाद्यों के प्रकार वादन-विधि आदि यहाँ विस्तार-भय से नहीं दिये गये हैं उन्हें अपनी जिज्ञासा के अनुरूप विद्वानों से सीख लेना चाहिए, ऐसा ग्रन्थकार ने लिखा है।

पंचम अध्याय (नृत्यांगोपांगप्रत्यंग प्रकाशन)

इस अध्याय में सर्वप्रथम नृत्य की उत्पत्ति का उल्लेख है। इन्द्र के निवेदन पर ब्रह्मा द्वारा सर्वप्रथम वशिष्ट को नृत्य कला की शिक्षा दी गई। उसके बाद उन्होंने सैकड़ों पुत्रों को सिखाया जिनके द्वारा इसे ब्रह्मा के समक्ष प्रस्तुत किया गया। तब ब्रह्मा की आज्ञा से वशिष्ट ने अपने पुत्रों के साथ इन्द्र के सामने नृत्य-कला का प्रदर्शन किया, इन्द्र के निवेदन पर वशिष्ट ने पुत्रों के द्वारा लास्य एवं ताण्डव नृत्य रम्भा, उर्वशी, मेनका एवं अन्य को सिखाया। नृत्त पुरुषों द्वारा, नृत्य स्त्रियों द्वारा, नाट्य और नाटक पुरुष और स्त्री दोनों के द्वारा कहा गया है। लास्य एवं ताण्डव की स्वर्ग में स्थिति कही गई है। लास्य गौरी से तथा ताण्डव शिव के द्वारा उत्पन्न है। पृथ्वी पर नृत्य का विस्तार वशिष्ट के पुत्रों द्वारा राजाओं की पत्नियों एवं अन्य के

बीच हुआ। बाण की पुत्री उषा को गौरी ने लास्य सीखाया। गन्धर्व विश्वावसु ने इन्द्रसभा में नृत्य करने के बाद चित्ररथ को सीखाया और उसने अर्जुन को सीखाया। विराट-पुत्री उत्तरा ने अर्जुन से सीखा परन्तु अपने पति अभिमन्यु की मृत्यु के कारण वह सब भूल गई। शिव की आराधना के बाद राजा पालक ने नृत्य सीख और इसे पृथ्वी लोक में प्रचारित किया।

नृत्य शरीर का विक्षेप है। यह 'नृत्त' शब्द से बना है। अंग, उपांग और प्रत्यंग इसके तीन भेद हैं और इन तीनों के पुनः छः भेद हैं–

अंग-	सिरस्, हस्त, हृदय, पार्श्व, कटि, पद
उपांग-	दृष्टि, भ्रू, नासिका, अधर, कपोल, चिबुक
प्रत्यंग-	ग्रीवा, अंस, पृष्ठ, उदर, उरू, हृदय
सिरस् के प्रकार-	शीर्ष, दृग, दर्शन, तारा, पुट, भ्रू, नासिका, अधर, कपोल, चिबुक और वस्त्रराग।
सिरस् के तेरह लक्षण-	रेचित, परावृत्त, अवधूत, अधोमुख, निकुंचित, उत्क्षिप्त, अंचित, लोलित, पारिवाहित, अधूत, धूत, अकम्प और कम्पित।
दृष्टि के लक्षण (संचालन)-	क्रुद्ध, दीप्त, दीन, हृष्ट, स्निग्ध, भयान्वित, सलज्जा, मुकुला, शून्या, विषण्णा, मलिन, अधरा, शंकिता, लसित, भ्रान्त, केकरा, विप्लुता, चल, त्रस्त, मलिन, ग्लान, स्मेटा, क्रूर, अभिनन्दिता, स्थिर, उद्विग्न, परिम्लान, सकामा, सभया, उद्भुत, हास्य, वीरा, सकरूणा, शान्त, रौद्र और जुगुप्सित = ३६
दर्शन के लक्षण-	साचि, विलोकित, निवर्तित, अवलोकित, उल्लोक, सम, वृत्त, अनिवर्तित = ८ .

ताराकर्म लक्षण- विश्लेष, कुंचित, सम, प्रसृत, विवर्तित, निमेष, विगलित, भ्रान्त, स्फुरित = ९

पुटकर्म लक्षण- विश्लेष, कुंचित, सम, प्रसृत, विवर्तित, निमेष, विगलित, भ्रान्त, स्फुरित = ९

भ्रू लक्षण- चतुर, रेचित, उत्क्षेप, भृकुटि, पातन, कुंचित, सहज = ७

नासा लक्षण- विकूणिता, निभ्रता, विकृष्टा, सहजा, नता, सोच्छ्‌वासा = ६

अधर लक्षण- सन्दष्टक, निसर्ग, श्लिष्ट, परिवर्तित, वेपित = ५

कपोल लक्षण- कुंचित, कुंपित, फुल्ल, क्षमि, पूर्ण, सम = ६

चिबुक कर्म लक्षण- लोहन, कुट्टन, दष्ट, खण्डन, चुक्कित, सम, छिन्न = ७

उपर्युक्त सभी लक्षणों का अलग-अलग विवेचन भी किया गया है।

ग्रीवा कण्ठ स्कन्ध लक्षण- ग्रीवा संचालन सिर के संचालन का अनुगामी है। यह रस के विभिन्न स्वरूपों में विचारशील विद्वानों द्वारा जाना जाता है।

इसके अतिरिक्त हस्त कर्म, हस्ताचार, हस्तक्रिया, बाहुचार इत्यादि का वर्णन है।

बीस प्रकार के हस्त कर्म- श्लेष, दोलन, रस, विक्षेप, घूनन, परिग्रह, आकर्षण, वियोग, छेदन, ध्रुव, तर्जन, स्फोटन, यान, पार्थक्य, विरति, भ्रम, वृत्ति, परावृत्ति, उद्वृत्ति, वेपन = २०

नृत्य और नाट्य में प्रयोग की जाने वाली इन क्रियाओं का अलग विश्लेषण नहीं किया गया है क्योंकि ये अपने नामों से ही व्याख्यायित हैं, ऐसा ग्रन्थकार का कथन है।

हस्ताचार-	उरोग, पृष्टग, पार्श्वगत = ३
हस्तक्रिया-	व्यावर्तित, उद्वेष्टित, अवेष्टित, परिवर्तित = ४
बाहुचार-	प्रसारित, अपविद्ध, अधोमुख, तिर्यक, अंचित, ऊर्ध्व, पृष्ठानुग, पार्श्वानुग, स्थिर, चंचल = १०

इसके बाद ६४ हस्तकों में २४ असंयुक्त, १३ संयुक्त हस्त तथा अन्य २७ संयुक्त हस्तों का विस्तृत वर्णन है जिनके नाम इस प्रकार हैं–

असंयुक्त हस्त-	पताक, त्रिपताक, कर्त्तरीमुख, अर्द्धचन्द्र, अराल, शुकतुण्ड, मुष्टिक, शिखर, कपित्थ, खटिकामुख, सूचीमुख, पद्मकोश, सर्पशिरा, मृगशीर्ष, कांगुला, अलपद्म, चतुर, भ्रमर, हंसवक्त्र, हंसपक्ष, सन्दंश, सुमुख, उर्णनाभ, पक्षिरूत = २४
संयुक्त हस्त-	अंजलि, कपोत, कर्कट, खटिकासन, खटिकावर्धमान, उत्संग, निषध, दोल, पुष्पपुट, मकर गजदन्त, वर्धमान, सुनन्द = १३
अन्य संयुक्त हस्त-	चतुरस्त्र, उद्वृत्त, तलमुख, स्वस्तिक, विप्रकीर्ण, अरालखटिकामुख, ललित, सूच्यास्य, रेचित, अर्धरेचित, उत्तानवंचित, पल्लव, नितम्ब, लता, करिहस्त, पक्षवंचित, कुंचित, गरूडपक्ष, दण्डपक्ष, उर्ध्वमण्डली, पार्श्वमण्डली, उरोमंडली,

उर-पार्श्वार्धमण्डली, मुष्टिकस्वस्तिक, नलिनीपद्मकोश, शीर्षानुवलिता, उल्वण = २७

इसके अतिरिक्त हृदय, उदर, पार्श्व, दृष्टि, उरू, जंघा, पादकर्म, स्थानक तथा अन्य पाद कर्म अलग-अलग विश्लेषित हैं–

हृदय लक्षण-	उद्वहित, सम, अभुंग, निर्भुग्न, उन्नत।
उदर लक्षण-	खल्ल, आवर्तित, क्षाम, सहज, प्रौढ़।
पार्श्व लक्षण-	प्रसारित, अपसृत, नत, व्यावर्तित, सम।
कटि लक्षण-	रचित, उद्वहित, छिन्न, उन्नत, सम।
उरू लक्षण-	निवर्तित, उद्वर्तित, कम्पित, चलित, स्तम्भित।
जंघा लक्षण-	उद्वर्तित, अवर्तित, भ्रमित, उद्वहित, नत, सम, स्थिर, रेचित।
पद लक्षण-	कुंचित, अंचित, रेचित, उद्घटित।
पादकर्म लक्षण-	उधर्वागुष्ट, स्थाणु, घटित अर्द्धघटित, रेचितघटित, परिवेष कुण्डल।
स्थानक लक्षण-	आयत, ललित, अवहित्थ।
अन्य स्थान लक्षण-	वैष्णव, समपाद, वैशाख, मण्डल, प्रत्यालीढ़, अलीढ़।

षष्ठ अध्याय (नृत्य प्रकाशन)

षष्ठ अध्याय के आरंभ में देवी-देवताओं की वन्दना करते हुए करण और अंगहारों का वर्णन किया गया है। वास्तव में '**करण**' लास्य नृत्य की नींव है। इनकी संख्या १०८ कही गई है। जिस प्रकार स्वर, ग्राम आदि के द्वारा रागों का निर्माण हुआ है, उसी प्रकार करण भी अंग, उपांग और प्रत्यंग नृत्यांगों के द्वारा निर्मित है। हस्त, पाद एवं अन्य अंगों द्वारा इनमें भाव उत्पन्न होता है। यहाँ करणों की संख्या १०८ कही गई है प्ररन्तु १०५

का ही विवेचन किया गया है जो इस प्रकार हैं– तलपुष्पपुट, वलितोरू, अपविद्ध, समनख, लीन, स्वस्तिकरेचित, मण्डलस्वस्तिक, रेचित, निकुट्टित, कटीविद्ध, अर्द्धरेचित, वक्षस्वस्तिक, उन्मत्त, स्वस्तिक, पृष्ठस्वस्तिक, अंचित, भुजंगत्रासित, उर्ध्वजानु, निकुंचित, वृहित, वक्त्ररेचित, रेचितनिकुटित, पादापविद्ध, वलित, घूर्णित, ललित, दण्डपक्ष, भुजंगत्रस्तरेचित, नूपुर, वैशाखरेचित, भ्रमर, चतुरा, भुजंगाचित, दण्डरेचित, वृश्चिकनिकुट्टित, कटीरेचित, लतावृश्चिक, छिन्न, वृश्चिकरेचित, अंसांचित, वक्षोरेचित, पार्श्वनिकुट्टित, ललाटतिलक, क्रान्ता, कुंचित, चक्रमण्डल, नितम्बस्वस्तिक, आक्षिप्त, तालविलासिता, अर्गल, विक्षिप्त, वर्तित, दोलापाद, विनिवृत्त, निवृत्त, पार्श्वक्रान्ता, पृष्ठकुंचित, शीर्षवलित, अतिक्रान्ता, विवर्तिता, गजक्रीडित, तलसंस्फोटित, गण्डसूची, परिवृत्त, पार्श्वजानु, गृध्रावलीन, सन्नत, सूची, अर्द्धसूची, सूचीविद्ध, विलोलित, सर्पित, दण्डपात, हरिणप्लुत, प्रेंखोलित, नितम्ब, स्खलित, करिहस्त, प्रसर्पित, सिंहविक्रीडित, सिंहाकर्षण, पार्ष्णिसंघट्टित, उपसृत, तलसंघट्टित, जनित, पतितोत्पतित, पादोरूश्लिष्ट, एलाक्रीडित, उरूवृत्त, मदनस्खलित, पादाक्रान्त, लताकुंचित, कटिनिकुट्टित, उद्घाटित, वृषभक्रीडित, लोलन, नागापसर्पित, शकटास्य, गंगावतरण।

अंगहार- इनकी संख्या ३२ है। एक अंगहार तीन करणों के मेल से बना है, **वे करण हैं- कलाप, खण्ड और संघात।** अंगहार इस प्रकार हैं- हरिप्रिय, पर्यस्त, सूचीविद्ध, अपविद्ध, आक्षिप्त, उद्घटित, विष्कम्भ, अलिपल्लव, भुजंगत्रस्तांचित, करिसम्फोटित, रेचितस्वस्तिक, पार्श्वस्वतिक, वृश्चिकापसृत, उत्क्षिप्त, निकुट्ट, विलसन्मद, गतिमण्डल, संघट्ट, परिछिन्न, भुजांचित, परावृत्त, अलात, पार्श्वच्छेदा, विद्युतभ्रम, उद्वृत्त, आलीढ़, रेचित, छुरित, कटीछिन्न, महोद्वृत्त, जयदर्पक और अर्द्धनिकुट्ट = ३२

भ्रमरी- इसकी संख्या आठ है– अन्तर्भ्रमरि, वाह्यभ्रमरि, अलगभ्रमरि, चक्रभ्रमरि, छत्रभ्रमरि, रेचितभ्रमरि, तिरिपभ्रमरि और चित्तभ्रमरि। इनमें से प्रत्येक के चार भेद हैं– नाभसी, भूमिसम्भवा, ऊर्ध्वस्थ और अधः स्थित। इस प्रकार ८ × ४ = ३२ हुईं।

चारी - १६ भूमिज एवं १६ नभोजात चारियों को मिलाकर कुल ३२ चारियाँ हैं।

भूमिज चारी- स्थितावर्ता, भ्रमतल्ली, एडकाक्रीडित, अंचित, ऊरूद्वृत्त, उत्स्पन्दित, विच्यवा, रेचिक, उर्द्धिका, शकटास्य, जनित, विद्ध, वीची, सुबाहुका, उद्वेष्टित और संश्लिष्ट = १६

नभोजात चारी- विद्युतभ्रान्ता, दोलपादा, दण्डा, नूपुरपादिका, अतिक्रान्ता, ऊर्ध्वजानु, अलात, अक्षिप्त, सूचिका, भुजंगा, घूर्णिता, उन्मत्त, संक्षिप्ता, तिर्यगंचिता, उत्प्लुत और अलगसंस्थान = १६

इसके बाद नृत्य एवं नर्तक की तत्कालीन स्थितियों का वर्णन है। बिना अभ्यास के शास्त्र (Theory) का कोई मतलब नहीं, ऐसा ग्रन्थकार ने कहा है–

सात श्रम दर्शाए गए हैं– मूलश्रमु, चालश्रमु, दण्डवाडश्रमु, वइठा अलीढ़, ऊभीअलीढ़, चित्रवाहु, झलकणी।

इसके अतिरिक्त अन्य नृत्यभावों का वर्णन है– गाडलुल्यु, पावटउ, माछलिअउ, सिंहरिअउ, तिरपिउ, बइठी छडक, ऊभीछडक, आघिंडु, पाछिंडु, एकसरा, दुसरा आदि।

आगे, नृत्य के अभ्यास एवं प्रस्तुति भी वर्णित हैं– पूर्ण चन्द्र में अभ्यास करना चाहिए, बालू के मंच पर रियाज करना चाहिए। शारदा देवी एवं चंडिका देवी की पूजा, वस्त्रादि चढ़ाने के बाद गुरु की पूजा करनी चाहिए। तेत्र छाया भोजन से पूर्व प्रातः नृत्य-अभ्यास करना चाहिए। रियाज

के बाद पूरे अंगों की मालिश होनी चाहिए। शुद्ध जल से स्नान करने के बाद पौष्टिक भोजन ग्रहण करना चाहिए। इन सभी पर अधिकार रखने वाली नर्तकी ही '**पात्र**' कहलाती है। सर्वोत्तम नृत्य महान उत्सवों एवं विवाहादि में ही होते हैं। पात्र को अपने पदों पर भ्रमण करना चाहिए। मंच पर पात्र को पुष्पांजलि देना चाहिए, तब उसे गीत एवं वाद्य के साथ नृत्य प्रस्तुत करना चाहिए। किसी भी तरह नर्तक को शुष्क नहीं होना चाहिए। इस नृत्य-पद्धति के बाद सभापति के लक्षण, सहायक (सभ्य) लक्षण, सभा-लक्षण, बइकार (Composer) लक्षण, गन्धर्व रंजक लक्षण के बाद ग्रन्थकार ने लिखा है कि इस सुन्दर गीत, वाद्य, नृत्य के बाद भी यदि कोई अप्रसन्न है तो वह मनुष्य के रूप में पशु है।

विषय-सूची

।। श्री ।।

मलधारिगच्छीय-वाचनाचार्य-सुधाकलश-विरचितः

सङ्गीतोपनिषत्सारोद्धारः

प्रथमोऽध्यायः

।।र्द।। ॐ नमः सर्वज्ञाय।।

आनन्दनिर्भरपुरन्दरपङ्कजाक्षी-
नाट्यक्षणत्रुटितहारलताविमुक्तैः।
मुक्ताफलैः किल दिवापि विसर्प्पितारा
यद्देशनावनिरभूत् स **जिनः** श्रियै वः।।१।।

विश्वस्य संशयमयज्वलनोग्रहेति-
निर्वापणाय किल या वहते करेण।
प्रौढं कमण्डलुमहो अमृताभिपूर्णं
सा **भारती** भवतु वः श्रुतदानवीरा।।२।।

न क्रूरकुग्रहधराय नदीश्वराय
नात्यन्ततापविषमायः दिवाकराय।।
नोद्यत्कलङ्ककलुषाय निशाकराय।
तस्मै नमोऽस्तु **गुरवे** गुरुवैभवाय।।३।।

शैलात्मजा-कोहल-दन्ति (त्ति)लाद्यै-
रन्यैश्च **भोज**प्रमुखैः प्रणीतान्।
सद्ग्रन्थसार्थान् परिषेव्य सम्यग्
वितन्यते स्वानुभवं च किञ्चित।।४।।

तद्गीतं स्तुमहे यस्माद् **रावणो**ऽपि निशाचरः।
त्र्यैलोक्यविजयी जातो हरात् प्राप्य वरं शुभम्।।५।।

गीतस्वादानभिज्ञेभ्यो मनुष्येभ्यो वरं मृगाः।
गीतस्वादेन ददते गातुः प्राणान् क्षणेन ये॥६॥
गीतास्वादनिलीनाश्च देवा नागादयस्तथा।
अनेहसमसङ्ख्यातं गतं चापि न जानते॥७॥
देशे देशे च यत् सिद्धं नृपाणामपि मन्दिरे।
गीतं वाद्यं च नृत्यं च देशीति प्रोच्यते बुधैः॥८॥
सर्वेषामपि लोकानां गीतं प्रीतिदमुच्यते।
अत एव पुरा गीतं मुख्यत्वात् कथ्यते बुधैः॥९॥
सप्तस्वरमयं गीतं ते स्वरास्त्रिविधाः स्मृताः।
सचेतनकृताः केऽपि केचिन्निश्चेतनोद्भवाः॥१०॥
स्वराश्चोभयजाः केचिन्मुख्यास्तेषु च देहजाः।
देहश्च पिण्ड इत्युक्तस्तदुत्पत्तिः-पुरोच्यते॥११॥
पितुः शुक्राच्च मातुश्च शोणिताद् गर्भसम्भवः।
स्वकर्मपरिणामेन जीवस्योत्पत्तिरिष्यते॥१२॥
शुक्रस्याधिक्यतो बालः कन्या शोणितगौरवात्।
शुक्रशोणितयोः साम्ये षण्ढत्वं तस्य जायते॥१३॥
नृदेहे यदि सूर्यः स्नान्नार्याः शीतकरो यदि।
बिन्दोः सञ्जायते पुत्रो वैपरीत्ये तु कन्यका॥१४॥
सूर्यद्वये बीजनाशः षण्ढः शशियुगे भवेत्।
ऋतोः समैर्दिनैः पुत्रो विषमैः पुत्रिका मता॥१५॥
सर्वतन्तुगतं नीरं यथैकत्रैव कृष्यते।
सर्वनाडीस्थितं वीर्यं तद्वद्वातेन पात्यते॥१६॥
शुक्रर्तुः पुरुषो बिन्दोराधिक्याद् द्वादशाब्दिकः।
रक्तर्तुः स्त्री तु मात्रंशरक्ताधिक्याद् दशाब्दिका॥१७॥

यद्यप्यूर्ध्वग एवास्या रक्तोऽग्निवत्पतेदृतौ।
सा खल्वाटा सपलिता वार्द्धक्यादेव नार्यतः॥१८॥
चिहाली स्वरमाधुर्यान्नारी प्रौढाऽपि कथ्यते।
अभग्नकण्ठघण्टस्तु कलगीतिर्नरोऽपि सः॥१९॥
कार्कश्याच्छिवरूपत्वात् पुंस्त्वाच्च शिव उच्यते।
स्त्रीलिङ्गात्सुकुमारत्वाच्छक्तिर्भावेषु संस्थिता॥२०॥
शिवशक्तिमयं विश्वमतः प्रोक्तं चराचरम्।
प्रत्यक्षौ लक्षितौ तालौ नादाच्छक्तिशिवात्मकौ॥२१॥
न शिवेन विना शक्तिर्न शक्तिरहितः शिवः।
शिवोऽपि शवतां याति कुण्डलिन्या विवर्जितः॥२२॥
शिवशक्त्यात्मकात् पिण्डात् पञ्चभूतप्रतिष्ठितात्।
मुख्य उत्पद्यते नादस्तद्रुत्पत्तिरतः पुरा॥२३॥
पिण्डादुत्पद्यते नादो नादाद् गीतं च सम्भवेत्।
गीतोत्पत्तावतः पिण्डान्नादोत्पत्तिरथोच्यते॥२४॥
नाभौ यत् कूर्मचक्रं स्यात् तस्य कन्दे तु पद्मिनी।
तस्या नाले च यत् पत्रं तस्मिंश्च कमल स्थितम्॥२५॥
तत्र च ज्वलनो भूतो वायोस्तस्माच्च सम्भवः।
ततः सिद्धध्वनेर्योगादेष नाद्रस्तु जायते॥२६॥
नादात्म(त्मा)नस्त्रयो देवा ब्रह्मविष्णुमहेश्वराः।
परं ब्रह्म परा शक्तिरोङ्कारो नादसम्भवाः॥२७॥
नाकारः प्राणसंज्ञः स्वाद्दकारो वह्निरूच्यते।
सङ्केतान्नादशब्दः स्यात् स च पञ्चविधः स्मृतः॥२८॥
अतिसूक्ष्मस्तथा सूक्ष्मः पुष्टापुष्टौ च कृत्रिमः।
नाभिदेशेऽतिसूक्ष्मः स्यात् सूक्ष्मश्च हृदये भवेत्॥२९॥

पुष्टः कण्ठे त्वपुष्टस्तु शीर्षे वक्त्रे तु कृत्रिमः।
नादोत्पत्तिरिति प्रोक्ता गीतलक्ष्माऽधुनोच्यते।।३०।।

(इति नादोत्पत्तिः।)

अथ गीतम्

अनिबद्धं निबद्धं च गीतमित्थं द्विधा भवेत्।
आलप्त्याद्यङ्गमात्रेणानिबद्धं तु प्रकीर्त्तितम्।।३१।।
निबद्धं तु सधात्वङ्गं तस्य भेदत्रयं भवेत्।
प्रबन्धो रूपकं वस्तु प्रबन्धस्याथ लक्षणम्।।३२।।

(अथ प्रबन्धाः)

रागैर्विचित्रैर्विविधैस्तालैः पाटपदादिभिः।
निबध्यन्ते मातृकाद्याः प्रबन्धा द्व्युत्तरं शतम्।।३३।।
मातृकाख्यो हयलील इभलीलश्च कुन्दकः।
रागकन्दम्बकश्चैव हंसलीलः सुदर्शनः।।३४।।
पञ्चतालेश्वरश्चर्या सिंहविक्रान्तनन्दनौ।
रणरङ्गो जयश्रीश्च विजयो हर्षवर्द्धनः।।३५।।
पाटबन्धः स्वरपदः पूर्वाणि करणानि च।
वर्त्तिनी नन्दललित इत्याद्यास्ते तु नामतः।।३६।।
प्रबन्धबन्धकर्त्तारो विरला भूतलेऽधुना।
तद्गायनाश्च न प्रायोऽतो नोक्तास्ते सविस्तराः।।३७।।

(अथ रूपकम्)

उद्ग्राहाद्याश्च चत्वारस्तथा च षट्ः स्वरादयः।
यत्रैतानि निबध्यन्ते तद्गीतं रूपकं विदुः।।३८।।
उद्गाहो मेलापकश्च ध्रुवाभोगौ क्रमादमी।
आदौ उद्ग्रह्यते गीतं तेनोद्ग्राहः स भण्यते।।३९।।

ध्रुवो ध्रौव्यात् प्रबन्धेष्वथाभोगः पूरणाद् भवेत्।
प्रोक्तो मेलापकस्तस्मादुद्ग्राहध्रुवमीलनात्।।४०।।
चतुर्भिर्धातुर्भिबद्धं निबद्धं गीतमुत्तमम्।
त्रिभिश्च मध्यमं द्वाभ्यां कनिष्ठं विबुधाः विदुः।।४१।।

(अथ अङ्गषट्कम्)

उद्ग्राहादिचतुष्कात्तदङ्गषट्कमथोच्यते।
स्वरा रागास्तालतेन्ना बिरुदाः पाटपदानि च।।४२।।
स्वराः षड्जादयो ज्ञेया रागाः श्रीरागमुख्यकाः।
कालमानकरास्ताला एकतालीमुखास्तु ते।।४३।।
तन्नतेन्ना यदुच्यन्ते तेन्नास्ते शुभकारकाः।
बिरुदाः शौर्यमाख्यान्ति द्विषामुद्रेकदायिनः।।४४।।
पाटा वाद्यभवा वर्णाः पदमर्थप्रकाशकम्।
गीतस्य स्वरतालाभ्यां पादाभ्यां मर्त्यवद्गतिः।।४५।।

(अथ जातयः)

द्व्यङ्गादिकप्रबन्धानां पञ्चोक्ता जातयः क्रमात्।
द्विश्रुतिः स्यात् त्रिश्रुतिश्च तथा प्रोक्ता चतुःश्रुतिः।।४६।।
अनिर्युक्ता च निर्युक्ता पञ्चैता जातयः स्मृताः।
रूपकोऽयं दशभवो वस्तु सूडा ध्रुवादयः।।४७।।
सूडा(:) पञ्चविधाः प्रोक्ता उत्तमोत्तम उत्तमः।
मध्यमोऽथ जघन्यश्चातिजघन्यः क्रमादमी।।४८।।
उत्तमोत्तमसूडस्तु सालिगा(सालगा)ख्यो महारसः।
प्रवर्तते सुखकरः सोऽयं सर्वजनप्रियः।।४९।।
आद्यो ध्रुवस्ततो मण्ठः प्रतिमण्ठो निसारुकः।
अड्डतालस्ततो रास एकतालीत्यमी क्रमात्।।५०।।

यथा सरो विना नीरं यथा गीतं ध्रुवं विना।
षोडशानां ध्रुवाणां च तस्माल्लक्ष्म प्रचक्ष(क्ष्य)ते॥५१॥

(अथ ध्रुवाः)

जयन्तः शेखरोत्साहौ ततो मधुरनिर्मलौ।
कुन्तलः कमलश्चारो नन्दनश्चन्द्रशेखरः॥५२॥
कामदो विजयाख्यश्च कन्दर्पजयमङ्गलौ।
तिलको ललितश्चैषां नामतो लक्ष्म तूच्यते॥५३॥
उद्ग्राहे स्यात् पदद्वन्द्वं मध्ये कार्यं पदद्वयम्।
आभोगे पदयुग्मं स्यात्खण्डानीत्थं ध्रुवस्य षट्॥५४॥
षट्पदस्तूत्तमः प्रोक्तो मध्यमः पञ्चभिः पदैः।
कनिष्ठश्च चतुर्भिः स्यादित्थं ते त्रिविधा ध्रुवाः॥५५॥
उद्ग्राहखण्डकद्वन्द्वं शुद्धयुक्तिविनिर्मितम्।
अन्यानि तु पदानि स्युः सर्वाणि नियमादृते॥५६॥
ध्रुव आरोप्यते तस्मादथाभोगस्य खण्डके।
नेतुर्नामाङ्कितं चाद्यं गातुर्नाम्नाङ्कितं पदम्॥५७॥
एकादशाक्षरात् खण्डादेकैकाक्षरवर्द्धितैः।
खण्डैर्ध्रुवाः षोडश स्युः षडविंशत्यक्षरावधि॥५८॥
आदिताले च शृङ्गारे जयन्तः प्रथमो ध्रुवः।
एकादशाक्षरपदो ह्यायुर्वृद्धिकरो मतः॥५९॥
शेखरस्तु रसे वीरे हंसके स्वामिभाग्यदः।
उत्साहश्च रसे वीरे जगणे विजयप्रदः॥६०॥
शान्ते च मधुरो गेयस्तालेनानन्ददायकः।
कारुण्ये निर्मलो गेय एकताल्यां सुखप्रदः॥६१॥
अद्भुताख्ये रसे श्रीदः कुन्तलो लघुशेखरे।
आनन्दश्च(श्चापि) कमलः शृङ्गारे सुखकृत्सदा॥६२॥

चारश्चाचपुटे तालेऽभीष्टदस्त्वद्भुते रसे।
नन्दनः कन्दुके ताले शृङ्गारे सौख्यदायकः।।६३।।
रौद्रे तृतीयतालेन श्रीदः स्याच्चन्द्रशेखरः।
कामदस्तुरगलीलेऽद्य शृङ्गारे सौख्यदायकः।।६४।।
विजयो दर्पणे ताले शृङ्गारे कीर्तिदायकः।
अद्भुते चाटुतालेन कन्दर्पः कुलवृद्धिकृत्।।६५।।
जयमङ्गलस्तु शान्ते सुखदो हंसलीलके।
लीलातालेन शृङ्गारे तिलको धनवृद्धिकृत्।।६६।
अद्भुते ललितो गेयः श्रीदश्च(श्चा)चपुटेन च।
षड्विंशत्यक्षरपदस्त्वैकैकाक्षरवर्द्धनात्।।६७।।
इति सङ्क्षेपतश्चामी षोडशोदीरिता ध्रुवाः।
पूर्वोक्तमण्ठकादीनां नामान्याहुर्यथाक्रमम्।।६८।।

(अथ मण्ठकाः)

कमलाकरः कलापः(पश्च) कमलश्चैव सुन्दरः।
वल्लभो मङ्गलाश्चामी षडुक्ता मण्ठका बुधैः।।६९।।
पूर्वं खण्डद्वयं गेयमुच्चैः खण्डं ततः परम्।
ध्रुव आरोप्यते तस्मादाभोगो गीयते सकृत्।।७०।।
कमलाकरस्तु गेयः शृङ्गारे जगणेन च।
नगणेन च गातव्यः कलापः करुणे रसे।।७१।।
शृङ्गारे सुन्दरो मण्ठः सगणेन च गीयते।
अद्भुते वल्लभो येन शृङ्गारे भेन मङ्गलः।।७२।।

(अथ प्रतिमण्ठाः)

प्रतिमण्ठा अथोच्यन्ते चत्वारोऽमरमन्दिरौ।
विचारः कुन्दसंज्ञश्च तेषां लक्ष्माऽथ कथ्यते।।७३।।

मण्ठवत् प्रतिमण्ठस्य सर्वं ग्राहादिकं मतम्।
प्रतिमण्ठेन तालेन शृङ्गारे प्रथमोऽमरः॥७४॥
गुरुणा वा लघुद्वन्द्वे कारुण्ये मन्दिरो मतः।
विचारस्त्वद्भुतो(ते) गेयो विरामान्ताल्लघुद्वयात्॥७५॥
कुन्दाख्यः प्रतिमण्ठोऽपि गुरुद्वन्द्वात् तथाद्भुते।
गेया विलम्बमानेन सर्वेऽपि प्रतिमण्ठकाः॥७६॥

॥इत प्रतिमण्ठलक्षणम्॥

(अथ निःसारुकः)

निःसारुकोऽथ विज्ञेयः षोढात्र समराह्वयः।
विशालो नन्दवैकुण्ठौ वाञ्छितो विजयस्तथा॥७७॥
समराख्यो रसे वीरे विरामान्ताल्लघुद्वयात्।
द्रुतयुग्माल्लघुश्चैको विशाले चाद्भुतो रसः॥७८॥
द्रुतात् ल(ताल्ल)घुद्वयेन स्यात् नन्दस्तु करुणे रसे।
द्रुताद्गुरुर्लघुश्चैको बैकुण्ठो वीरहास्ययोः॥७९॥
द्रुतद्वन्द्वाल्लघुद्वन्द्वाच्छृङ्गारे वाञ्छितो मतः।
विजयस्तु गुरुद्वन्द्वाच्छृङ्गारे विजयप्रदः॥८०॥

॥इति निःसारुकलक्षणम्॥

(अथ अड्डतालः)

अड्डतालोऽपि षोढा (स्यात्) निःशङ्कश्चमरामरौ।
अरविन्दः सुनन्दश्च महाशीलोऽथ लक्षणम्॥८१॥
अड्डतालेन तालेन गातव्यश्चाड्डतालकः।
लघुना गुरुणा सोऽयं निःशङ्को वीरहास्ययोः॥८२॥
द्रुतयुग्माल्लगौ स्यातां चमरेऽद्भुतनिर्मिते।
लगुरुभ्यां द्रुतद्वन्द्वादमरः करुणे रसे॥८३॥

द्रुताल्लघुगुरुश्चैकोऽरविन्दे वीरहास्यजे।
बिन्दुयुग्माल्लघुर्यत्र स शृङ्गारे सुनन्दकः॥८४॥
महाशीलो रसे शान्ते गुरुयुग्माल्लघुद्वयात्।
अट्टतालस्य नामानि प्रोक्तानि बहुधा बुधैः॥८५॥

॥इत्यट्टताललक्षणम्॥

(अथ रासकः)

षड्विधो रासकश्चाथ कम्बुजो मन्दिराम्बुजौ।
विनोदश्चन्द्रसरसावेतोषामथ लक्षणम्॥८६॥
रासकेनैव तालेन रासकाः कम्बुजोऽद्भुते।
आलापादेर्ध्रुवपदान्मन्दिरः करुणे रसे॥८७॥
उद्ग्राहश्च द्विखण्डः स्यादालापोऽस्य तु सोऽम्बुजः।
आलापान्ताद् ध्रुवपदाद् विनोदः प्रथमे रसे॥८८॥
द्वितीयं खण्डमुद्ग्राहे तूच्चं यस्य च चन्द्रकः।
उद्ग्राहाऽभोगयोः खण्डदुच्चात् सरसरासकः॥८९॥

॥इति रासकलक्षणम्॥

(अथ एकताली)

एकताली त्रिधा ज्ञेया रामा तारा च चन्द्रिका।
एकमात्रिकतालेन द्रुता मध्या विलम्बिता॥९०॥

॥इत्येकतालीलक्षणम्॥

(अथ सूडाः)

उत्तमः सालि(ल)गः सूडो ध्रुवाद्यैः सप्तमिर्भवेत्।
त्रिवडा(त्रिविधो) झम्पतालाद्यैर्युक्तश्च विविधैः पदैः॥९१॥
परिपूर्णो भवेत् सूडः केचिदाचख्युरित्यतः।
हीनस्तु मध्यमः प्रोक्तोऽधमो हीनतरैस्तथा॥९२॥

॥ इत्युत्तमोत्तमसालि(ल)गसूडः॥

एलासूडस्तूत्तमः स्याद् गणैलाख्यश्च मध्यमः।
ढेङ्कीसूडो जघन्यश्चालिसूडोऽतिजघन्यकः॥९३॥
प्रत्येकं तेऽपि विज्ञेया उत्तमा मध्यमाऽधमाः।
एलाढेङ्क्यालिसूडास्तु नोक्ता ग्रन्थस्य गौरवात्॥९४॥

सूडादिबन्धक्रमरीतिविद्यो
रागेषु तालेषु महाप्रगल्भः।
गीते रसे चाऽपि विशेषविज्ञो
भवेत् स भूपालसभावतंसः॥९५॥

॥इति मलधारिगच्छमण्डनश्रीराजशेखरसूरिशिष्यवाचनाचार्यश्रीसुधाकलशविरचिते स्वोपज्ञसङ्गीतोपनिषद्ग्रन्थसारोद्धारे गीतप्रकाशनो नाम प्रथमोऽध्यायः॥१॥

द्वितीयोऽध्याय:

रागो यत्र न चैव नापि विशदा भाषास्ति यद्ग्राहिणी

यद् दूरे श्रुतिवेदिनोऽपि विषयग्रामोऽपि यस्माद्बहि:।

स्त्रीवित्तादिषु मूर्च्छनैव(क)मनसो न स्युर्यदालोककात्

तद् वन्दे परमं मह: प्रतिपदं गीताद्यन(द)न्यादृशम्।।१।।

द्राक्षापानकमोदकादिरसवत्यास्वादबन्ध्या अपि

स्वर्गस्था: क्षि(क्ष)पयन्ति कालम खिलं यस्मिन्निलीना: सुखम्।

दत्ते यत् परमं पदं जिनपतिर्देवो यदाराधित:

सत्पिण्डप्रभव: स कोऽपि विजयी नादो विशुद्ध: सताम्।।२।।

ये चक्रिण: स्युर्निधयो नवैषु

शङ्खाभिधानो नवमो निधिर्य:।

तूर्याणि वाद्यानि सनाटकानि

सर्वाणि तत्रैव समुद्भवते।।३।।

इति जैनमते तूर्यत्रिकस्योत्पत्तिरिष्यते।

हरात् सङ्गीतनिष्पत्ति: प्रसिद्धा त्वखिले जने।।४।।

गीतं वाद्यं तथा नृत्यं तालवर्जं न शोभते।

तालाभावान्न मेल: स्यादमेलादव्यवस्थिति:।।५।।

न रङ्गमव्यवस्थातो विना रङ्गं कुतो लय:।

लयं विना न सौख्यं स्यात् तन्मूलं ताल उच्यते।।६।।

(अथ तालाः)

कालमानकरस्तालश्चतुर्द्धा स द्रुतादिभिः।
द्रुतो लघुर्गुरुश्चैव प्लुतः संज्ञाथ तद्भवा॥७॥
द्रुतादीनां चतुर्णां स्युः पञ्च पञ्चाभिधाः क्रमात्।
बिन्दुकं च द्रुतं व्योम व्यञ्जनं चार्द्धमात्रिकम्॥८॥
व्यापकः सरलो ह्रस्वो लघुर्मात्रिक इत्यपि।
गुरुदीर्घस्तथा वक्रः कला चैव द्विमात्रिकः॥९॥
त्रिमातृ(त्रि)कः प्लुतो दीप्तस्त्र्यङ्गः सामोद्भवस्तथा।
अर्द्धद्रुतः पञ्चभद्र एतावपि मतौ बुधैः॥१०॥
अर्द्धद्रुतं चतुर्भागमष्टभागं विरामगम्।
पञ्चभद्रो विप्लुतः स्यात् पञ्चमात्रिकतत्त्वगौ॥११॥
प्रस्तारेऽनुपयोगित्वादेतौ प्रायो निरर्थकौ।
सोपयोगौ विरामादिकालमानकरौ परम्॥१२॥
कालप्रमाणकृत्तालस्तालमूलं द्रुतादयः।
अत उच्चरणेऽमीषां कालो लगति तन्मितः॥१३॥
पञ्चानां लघुवर्णानां यन्मात्रं वदतो भवेत्।
तत्कालप्रमिता मात्रा तदर्धेऽद्भु(द्रु)तसम्भवः॥१४॥
मात्रा द्रुतद्वयेनातश्चतुर्भिः स्याद् द्रुतैर्गुरुः।
प्लुतस्तु द्रुतषट्केन विप्लुतो दशभिर्द्रुतैः॥१५॥
अर्धद्रुतं त्रिविरतैर्द्रुतस्यैव विदुर्बुधाः।
लघुर्द्रुतो विरामे स्याल्लघुर्वक्रे गुरु(ः) प्लुतैः॥१६॥
विरामे केचिदाचख्युर्का(ख्युःका)लमानं तदर्धगम्।
द्रुते स्याद्देवता शम्भुः लघौ शैलात्मजा तथा॥१७॥

शिवगौर्यौ गुरौ स्यातां त्रयो ब्रह्मादयः प्लुते।
समोऽतीतोऽनागतश्च ताले चेत्थं त्रिधा ग्रहः।।१८।।
तूर्यस्त्रि(त्रि)कप्रियस्ताल(:)समकालं तु गृह्यते।
स समः केचिदारब्धे तूर्ये सोऽतीतसंज्ञकः।।१९।।
बह्वालापं विधायादौ गीतात्पूर्वं ग्रहस्तु यः।
सोऽनागतग्रहो ज्ञेयस्ताले स्यात् सुखकृल्लयः।।२०।।
कारणं तालनिष्पत्तेः स्यात्प्रस्तारादिपञ्चकम्।
प्रस्तारसङ्ख्यानष्टस्तूद्दिष्टः कलितमेव च।।२१।।
सर्वेषामपि तालानां प्रस्तारो मातृका मता।
तस्मादादौ प्रवक्ष्यामि प्रस्तारं तालवृद्धये।।२२।।

(अथ प्रस्ताराः)

प्रस्तारस्य गतिर्ज्ञेया चाङ्कानामिव वामतः।
निवेश्य गुरुकं पूर्वं तत्राधो लघुकं न्यसेत्।।२३।।
ऊनं प्रायोऽपि पाश्चात्ये शेषं चोपरिं विन्यसेत्।
यथापूरं भवेदूनैः कुर्यात्सर्वं द्रुतावधि।।२४।।

।।इति प्रस्तारविधिः।।

एकादिद्रुतप्रस्तारो यथा–

अथ सङ्ख्या विभणिषुराह।

भवेदेकद्रुतादीनां सङ्ख्यैको द्वौ त्रयश्च षट्।
दशैकोनविंशतिश्च षट्कं यावदयं क्रमः।।२५।।
तस्मादनन्तरावङ्कौ सान्तरौ द्वौ च तत्प्लुतेः।
अग्रिमाग्रिमसङ्ख्या स्याद्यावत् षण्णवतिद्रुतान्।।२६।।

१	o	प्लुतः ऽ
२	oo	। ऽ
३	o।	ooऽ
	ooo	ऽ।
६	ऽ	।।।
	।।	oo ।।
	oo।	। o o ।
	। o o	o o o o ।
	oooo	o ऽ o
१०	oऽ	o ।। o
	o ।।	। o । o
	। o ।	o o o । o
	o o o ।	ऽ oo
	ऽ o	।। o o
	।। o	o o । o o
	। o	o । o o o
	o o o o	। o o o o
	o o o o	oo o o o o
	o o o o o o	
प्लुतशक्तः		इत्ये(त)द्रुत- प्रस्तारे भेदाः॥

१ । २ । ३ । ६ । १०। १९ ।
३३ । ६०। १०६। १९१। ३४०।
६१०। १०८९। १९५० ऽऽ
३४५८।६२३६। ११९५०।
१९९४६। ३५६७०। ६३८०२।

एवमेकादिवृद्ध्या षण्णवतिद्रुतान् यावत् सङ्ख्याङ्का आनेयाः। इत्थं चाष्टादशद्रुतमयप्लुतमयस्य सङ्ख्याङ्का अत्र लिखित्वा दर्शिताः सन्ति।

१३	प्लुत	गु	लघु$^{१३}_{११}$	१९
oo	o	o	oo	
			४	
प्लुत$_४$		गुरु$_४$	लघु$_४$	
शिखा		शिखा	शिखा	

एवं शेषा अपि विलोक्याः।

अथ नष्टमानिनीषुराह।

वाञ्छितान् (तांस्तु) द्रुतान् न्यस्य सङ्ख्याङ्कान् विलिखेत् ततः।
रूपं यत् यतिथं नष्टं तत् पात्यं परमाङ्कतः॥२७॥

परमाङ्कादुद्धृश्वाङ्को लब्धाङ्केभ्यश्च पात्यते।
रेखा देया तदङ्केषु नष्टम्त्वित्थं प्रजायते॥२८॥

खमेकं ग्रसते शून्यं लघुः शून्यद्वयं तथा।
गुरुर्बिन्दुचतुष्कं च शून्यषट्कं तथा प्लुतः॥२९॥

या रेखाग्रे ततः शून्यं ग्रसते स लघुः स्मृतः।
तद्वत् पृष्ठस्थितं चैकं स गुरुस्तद्वा(च्च द्वौ) प्लुतः॥३०॥

अथोद्दिष्टं व्याचिख्यासुराह।

रूपं सङ्ख्या द्रुताधस्तात् तस्य रेखास्तु पूर्ववत्।
उद्दिष्टं तु रेखाङ्कानामैक्याद् गुर्वङ्कपातितात्॥३१॥

उद्दिष्टे उद्दिष्टं दर्शितम्।

रूपं साङ्कसङ्ख्याद्रुतानामधः पूर्ववत्। नष्टानां तरू(द्रु)पस्य द्रुतलघुगुरुप्लुतप्रकाशरेखावद्रेखां प्रदाय तद्रेखोपरिस्थिताङ्कमीलनात् योऽङ्को भवति सोऽङ्कः सङ्ख्यासक्तपरमाङ्कमध्यात्पातिते यच्छेषं तत्सङ्ख्यं रूपमुद्दिष्टम्। रूपमादेश्यमिति। नष्टसदृक्षा प्रक्रियोदिष्टस्येत्यर्थः।

अथ कलितं प्रकाश्यते।

सङ्ख्याङ्कात् कलितेभ्यश्च वाञ्छितद्रुतपृष्ठगम्।
द्रुतशीर्षस्थितस्याङ्कं गृहीत्वा तु ततः परम्॥३२॥

निरन्तरावधस्थाङ्कौ तत्पाश्चात्यौ च सान्तरौ।
अङ्का ग्राह्या अमी पञ्च तदैक्यमग्रखे त्वधः॥३३॥

कलितेऽधः स्थिताश्चाङ्का एको द्वौ पञ्च पङ्क्तयः।
द्विपक्षा युगवेदाश्च ततः पञ्चाङ्कमेलनम्॥३४॥

कलितेऽधः स्थिता अङ्का ये चत्वारोऽत्र कीर्तिताः।
सा च सङ्ख्या प्लुतादीनां प्रस्तारे वाञ्छिते क्रमात्॥३५॥

एकः प्लुतः पञ्च वक्त्र ह्रस्वा द्वाविंशतिर्यथा।
द्रुताश्च युगवेदाश्च प्रस्तारे द्रुतषट्कजे॥३६॥

वाञ्छितद्रुतप्रस्तारे एवं सङ्ख्या प्लुतादिजा।
सङ्ख्याङ्कः पञ्चमो यस्मात् सङ्ख्यावत् कलितो ह्यतः॥३७॥

प्रस्तारमस्तके नष्टोद्दिष्टपाणिर्मुदेऽस्तु सः।
शुद्धतालः सुरसङ्ख्या कलिताङ्घ्रिर्जनेऽखिले॥३८॥

(अथ तालाः)

प्रस्तारानुगतास्ताला असङ्ख्याः सम्भवन्ति हि।
कियन्तस्ते च बध्यन्ते वातपुष्पसमा यतः॥३९॥

नामग्राहं समादिष्टा ये तालाः पूर्वसूरिभिः।
सनामलक्षणोच्चारात् वक्ष्ये तान् कियतोऽप्यतः॥४०॥

लक्षणेन च तेनैव तालाः स्युस्त्रिविधाः स्मृताः।
द्रुतमध्यविलम्बानां मानानां भेदतः पुनः॥४१॥

नामान्युदीर्य संक्षेपाल्लक्ष्मोपाश्रयसंयुतान्।
क्रमवृद्धाँस्तथा तालानेकताल्यादिकान्ब्रुवे॥४२॥

एकताल्यादितालानां चतुर्वारमुपाश्रयात्।
कुर्मो मेलेति दौर्लक्षाच्छेषाँस्तन्मानसम्मितान्॥४३॥

१२३६	१०	१९	३३६०	१०६	१९१
००००	०	०	००	०	०
१२५	१०	१२४४	९११८०	३४८	६९८
प्लुत गुरु	लघु	द्रुत	एभिरेकैरियं निष्पन्न(न्ना) पञ्चभिः		

एकताली चादितालश्चण्डनिस्सारुकस्तथा।
क्रीडातालोऽन्तराक्रीडा तृतीयो लघुशेखरः।।४४।।

एकताल्यां द्रुतस्त्वेको द्रुतमानेन सा भवेत्।
थुगु तकि धिगि ता।
0000

एकताली।।१।।

आदिताले महाताले लघुश्चैकः प्रकीर्तितः।।४५।।
त द्धि थउ द्रैं।
| | | |

इति आदितालः।।२।।

द्रुतद्वन्द्वं विरामान्तं चण्डनिःसारुके भवेत्।
तत्तकि। तत्त। धिधिक्कि। धिद्धि।
0ò 0ò 0ò 0ò

इति चण्डनिःसारुकः।।३।।

मध्यमानं विरामान्तं क्रीडाताले द्रुतद्वयम्।।४६।।
तत्त । धिद्धि । थउ थउ । धि द्रैं ।
0ò 0ò 0ò 0ò

इति क्रीडातालः।।४।।

समाख्यातान्तराक्रीडा विरामान्तैस्त्रिभिर्द्रुतैः।
तक्डि तकि ता। धिकित धिकि। टै(धिकिटै।) गणथउ। धिद्धि द्रैं।
00ò 00ò 00ò 00ò

इति अन्तराक्रीडा।।५।।

द्रुते द्रुते विरामःस्यात् तद्द्रुताभ्यां तृतीयकः।।४७।।
ताद्रैं(।)तक्कथुगा(।)धिक्कथु(।)धिद्धिथउ
0ò 0ò 0ò 0ò

इति तृतीयः।।६।।

सविरामो लघुश्चैकस्ताले स्याल्लघुशेखरे।

(झिंषिषु)झिंषुषु। डिंषुषु। डिंडिंडैं।

ोो ोो

इति लघुशेखर।।७।।

एकमात्राः साधिकाश्च प्रोक्ता अथ द्विमात्रिकाः।।४८।।

झम्पा तुरङ्गलीलश्च हंसलीलो द्वितीयकः।

गारुगिः प्रतितालश्च ताला एते द्विमात्रिकाः।।४९।।

झम्पाताले लघुस्त्वेकः सविरामं द्रुतद्वयम्।

तक्कथु(।) धिक्कथु। द्रैं

ȯ ȯ (o ȯ ।)

इति झम्पा।।८।।

तुरङ्गलीले ताले स्युर्लघुर्द्रुतलघू पुनः।।५०।।

ता(।) धिक्(।) कथउ

। o ।

इति तुरङ्गलीलः।।९।।

हंसलीले भवेत्ताले लघुद्वन्द्वं तथैव च।

करगड(।) नरगडधि

। ।

इति हंसलीलः।।१०।।

बिन्दुयुग्मं विरामान्तं लघुश्चैको द्वितीयके।।५१।।

तग्(।) दिगडित(।)द्रैं

o o।

इति द्वितीयकः।।११।।

विरामान्तं द्रुतानां तु चतुष्कं गारुगौ स्मृतम्।

तगधि । किथउ गा ।

o o o ȯ

इति गारुगिः।।१२।।

प्रतिताले द्रुतद्वन्द्वं लघुश्चैकः प्रकीर्तितः।।५२।।

धि(।) किक्कि(।) थों।

o o ।

(इति) प्रतितालः।।१३।।

अत्र त्रिमात्रिकास्ताला रतितालो निसारुकः।

दर्पणः सिंहलीलश्च षट्तालश्च कुडुक्ककः।।५३।।

रतिताले लघुस्त्वेको गुरुश्चैकः प्रकीर्तितः।

तकि । लकि । धिकि तकि । थउ ।

(। ऽ)

इति रतितालः।।१४।।

लघुत्रयं विरामान्तं ताले निःसारुके भवेत्।।५४।।

द्रैंगण। धिगि(।) धित्त।

(। । ।̀)

इति निःसारुकः।।१५।।

द्रुतद्वन्द्वाद् गुरुश्चैकस्ताले स्याद्दर्पणाभिधे।

धिद्धि। द्रैंगण(।) थउ।

o o ऽ

इति दर्पणः।।१६।।

लघुर्बिन्दुत्रयं लश्च ताले स्यात् सिंहलीलके।।५५।।

तात्तगथु । धगिधिद्धि ।

। o o o ।

इति सिंहलीलः।।१७।।

षट्तालसंज्ञके ताले भवन्ति व्यञ्जनानि षट्।

धिधि गडि गडि गु। तकिरतत्त।

oo oo oo

इति षट्तालः।।१८।।

द्रुतद्वन्द्वं लघुद्वन्द्वं स्मृतं ताले कुडुक्कके।।५६।।

थुंदिगण(।) तकि धिक्कि

o o । ।

इति कुडुक्ककः।।१९।।

चतुर्मात्रिकाः स्युस्ताला वर्धापन उदीक्षणः।

मल्लतालो वर्णभिन्नो ललितो मण्ठका अपि।।५७।।

विषमो रङ्गतालश्च मल्लिकामोदसंज्ञकः।

प्रतापवर्धनो लीलातालस्तु रागवर्धनः।।५८।।

ताले वर्धापने ज्ञेयं लघूनां तु चतुष्टयम्।

द्रै । टिगधिक् । कथउ । टें ।

। । । ।

इति वर्धापनः।।२०।।

उदीक्षणे लघुद्वन्द्वं गुरुश्चैकस्तथा मतः।।५९।।

झ(झिं)षुषु । नगझिगि । द्रुगडिगि डैं ।।

। । ऽ

इति उदीक्षणः।।२१।।

लघुत्रयान्मल्लताले विरामान्तं द्रुतद्वयम्।

कटथु। रुगुवटैं। धिद्धि।

। । । o ȯ

इति मल्लतालः।।२२।।

वर्णभिन्नाभिधे ताले बिन्दुयुग्माल्लघुर्गुरुः॥६०॥

गिणि गिणि । तक्कि धिक्कि थउ ।

० ० । ऽ

इति वर्णभिन्नः॥२३॥

ललिते लद्रुतद्वन्द्वं विरामान्तं गुरुस्ततः।

ता धिक् किति किति किधिक्कि द्रैं ।

। ० ०̍ ऽ

इति ललितः॥२४॥

मण्ठाश्च प्रतिमण्ठाश्च तगणात् सगणेन वा॥६१॥

तक्किड । धिक्डित । कित्थउं । द्रैं

इति मण्ठकप्रतिमंण्ठाः॥२५॥

खचतुष्कं विरामान्तं द्विवारं विषमे भवेत्॥६२॥

तकिक्कि तगित्थउ। तकित्थउ। गुधिटैं

००००̍ ००००̍

इति विषमतालः॥२६॥

रङ्गतालाभिधे ताले खचतुष्कं गुरुस्तथा।

धिक्कड। दरगड धिक् कित्थउ धिक् किथुगा।

००००ऽ

इति रङ्गतालः॥२७॥

जायते मल्लिकामोदे लद्वयं खचतुष्टयम्॥६३॥

धिक् किड तक्कथउ॥

।।००००

इति मल्लिकामोदः॥२८॥

प्रतापवर्धमाने गा विरामान्तं द्रुतद्वयम्।

धिक्कडि तिग्डित। धिग्डिथउ धिद्धि

ऽ ० ०

इति प्रतापवर्धनः।।२९।।

द्रुतो लघुः प्लुतश्चैव लीलाताले क्रमान्मताः।।६४।।

धिटैं धिटैं थउ । धिद्धिट्टैं ।

० । ऽ

इति लीलातालः।।३०।।

बिन्दुयुग्माद्विरामान्तात् खप्लुतौ रागवर्धने।।

तत्तत्त। ग थुगिता। धिद्धिता द्रैं

० ० ० ऽ

इति रागवर्धनः।।३१।।

अथ पञ्चमात्रिकाः।

अभङ्गो रायवङ्कोलस्त्रयश्रवर्णोऽभिनन्दनः।

राजविद्याधरः खण्डकङ्कालो वर्धनोत्सवौ।।६५।।

अभङ्गताले विज्ञेयं लघुद्वन्द्वं प्लुतस्ततः।

द्रहत्थुगि। कट्टयि ग्रि(गि)णगिण घें ।।

। । ऽ

इति अभङ्गः।।३३।।

जायन्ते रायवङ्कोले लघुद्वन्द्वं गुरुर्द्रुतौ।।६६।।

यर्हि थर्हि गिगणगण नरगण । धिद्धि

। । ऽ ० ०

इति रायवङ्कोल।।३४।।

लघुर्द्रुतो लघू वक्रस्त्र्यश्रवर्णो यथाक्रमम्।

थगु । तकि । क्किथुगु । तकि । धिकथुग धि ॥

। ० । । ऽ

इति त्र्यश्रवर्णः ।।३५।।

लघुद्वन्द्वं द्रुतद्वन्द्वं गुरुश्चैकोऽभिनन्दने॥६७॥

थुंदिगण । थुंदिगण । तत्तधिक् कथउ द्रें ॥

। । ० ० ऽ

इति अभिनन्दनः ।।३६।।

राजविद्याधरे ताले लघुयुग्माद्गुरुर्द्रुतौ।

तकितकि धिक्कित । कथउ । द्रैं धिधि ॥

। । ऽ ० ०

इति राजविद्याधरः ।।३७।।

ज्ञातव्यं खण्डकङ्काले द्रुतद्वन्द्वं गुरुद्वयम्॥६८॥

तद्धि । कत्थउत(ता) । गिथउ द्रैं

० ० ऽ ऽ

इति खण्डकङ्कालः ।।३८।।

भवन्ति वर्धने ताले द्रुतौ लश्च प्लुतस्तथा।

कटधि । त्थद्रि(र्हि?) गिकटकट धिक्कडें ।

० ० । ऽ

इति वर्धनः ।।३९।।

उत्सवाख्ये पुनस्ताले लघुयुग्मात्परः प्लुतः॥६९॥

धिगित । धिद्रैं थुगुथुगु धिद्रैं थउटौं ॥

। । ऽ

इति उत्सवः ।।४०।।

षाणमात्रिकाश्चाचपुटत्रिभिन्नाख्यपरिक्रमाः।

उद्धटो वनमाली च कन्दर्पः कोकिलाप्रियः॥७०॥

मकरन्दो मुकुन्दश्च बिन्दुमाली च कन्दुकः।
श्रीकीर्त्तिः स(श)रभलीलोऽथैषां लक्षणमुच्यते॥७१॥
गुरुश्च लद्वयं वक्रस्ताले चपुटाभिधे।
टिकधिक्कथुगा । क्क(क)थुगतिक्कथउ धितक्कथुगा ॥

ऽ । । ऽ

इति चाचपुटः॥४१॥

त्रिभिन्नाभिधताले तु सरलश्च गुरुः प्लुतः॥७२॥
क्थों । थरकट्टत्थर्ह्लि । गिन्थद्रिगिथों ।

। ऽ ऽ

इति त्रिभिन्नः॥४२॥

ताले परिक्रमे ज्ञेयं द्रुतौ लश्च गुरुद्वयम्।
तत्त । तगि धगि तथउता तद्रें ।

o o । ऽ ऽ

इति परिक्रमः॥४३॥

विज्ञेय उद्धटस्तालो गुरूणां त्रितयेन च॥७३॥
करगड । नरगड । तद्धि धिक्कड दरगड धिद्धि कत्थउ । धिक्कत्थउ द्रें ।

ऽ ऽ ऽ

इतिं उद्‍घटतालः॥४४॥

खचतुष्कं लघुश्चैव द्रुतौ गो वनमालिनि।
तक थुगु धिद्धि कथुगतत्ता कथुगत्ता नगग झिगि झें ।

o o o o । o o ऽ

इति वनमाली॥४५॥

कन्दर्पाभिधताले तु 'खत्रयं सरलो गुरू॥७४॥
तत्तत्त । तद्रें खह्लि खह्लि कट्ट खखिंदत्थों ॥

o o o । ऽ ऽ

इति कन्दर्पः॥४६॥

वक्रयुग्मं लघुद्वन्द्वं ताले स्यात्कोकिलाप्रिये।

डिंखखु डें डिंखखु डें गणगता द्रुगझिगि

गणगुण द्रुगडिगि डिंघुघु । झं झिंघुघु झें ।

ऽ ऽ । ।

इति कोकिलाप्रियः।।४७।।

खद्वयं लत्रयं गश्च मकरन्दे प्रकीर्तिताः॥७५॥

थुरिगण तत्त तद्वथु । तद्वथु तद्रें ॥

o o । । । ऽ

इति मकरन्दः।।४८।।

मुकुन्दताले सरलौ खचतुष्कं गुरुस्तथा

तथो । तथो । तकिकिथों थुउ तकिकितद्धि । द्धिद्धि टिगुटें।

। । o o o o ऽ

इति मुकुन्दः।।४९।।

गुरुबिन्दुचतुष्कं च गुरुः स्युर्बिन्दुमालिनि॥७६॥

टकुट्टि तत्त धिद्धि द्धिटकुट्टि धैं ॥

ऽ o o o o ऽ

इति बिन्दुमाली।।५०।।

लचतुष्कं गुरुश्चैकस्ताले कन्दुकनामनि।

धिट्टिगि कथुत्ता धिट्टिगि टें थउ । धिद्धि टें ।

। । । । ऽ

इति कन्दुकः।।५१।।

लघुर्गुरू लघुश्चैव ताले श्रीकीर्त्तिसंज्ञके॥७७॥

तकिधिक्कित्थैं थउ । धिट्टिगि थउत टें।

। ऽ ऽ ।

इति श्रीकीर्त्तिः।।५२।।

लौ च द्रुतचतुष्कं लौ ताले स(श)रभलीलके।

त्तझें त्तझें । थर्ह्रिगि थर्ह्रिगि थउ । झेंथुझें ।

।।० ०००।।

इति स(श)रभलील।।५३।।

सप्तमात्रिकतालानामथ वक्ष्ये समुच्चयम्।।७८।।

राजचूडामणिर्नान्दी श्रीनन्दनचतुर्मुखौ।

नारायणो दीपकश्चामीषां लक्षणमुच्यते।।७९।।

राजचूडामणौ लानां त्रयं खद्वितयं लगौ।

थों। ता। तकिथउ। घिटें। थर्ह्रि तक्कट्टद्धिथह्नी ।।

। । ।००। ऽ

इति राजचूड़ामणि।।५४।।

नान्दीताले च विज्ञेयं लो द्रुतौ लो गुरुद्वयम्।

रत्थुंगणि। थुरुगु। तद्धीं तद्धीं। तगि धगि थुग ता।

।००। ऽ ऽ

इति नान्दीतालः।।५५।।

गुरुर्लघू प्लुतश्चैव ताले श्रीनन्दनाभिधे।

थुंदिगणबदो। झंझिगिदों। तद्धिक्किथउ टें।

ऽ । । ऽ

इति श्रीनन्दनः।।५६।।

चतुर्मुखाभिधे ताले सगणाच्च लघुर्गुरुः।।८१।।

नर्ह्रि षह्नि तिकुट षह्नि। थरिगि दहगुण

तिकुट षह्निता। षह्निथउधिट्टैं षह्निथउ ।।

। । ऽ । ऽ

।।इति चतुर्मुखः।।५७।।

नारायणे द्रुतद्वन्द्वं जगणश्च गुरुः क्रमात्।
तकिक्कि । धिगिगत्ता । तत्थों तत्थों । तक्डि तकि ।
थुरुगु थुरुगु ता द्रें ।
O O I S I S

इति नारायणः।।५८।।

बिन्दुयुगं लघुद्वन्द्वं गुरुयुग्मं च दीपके।
गिणि गिणि खुता झिं झें । दुग झिगि झें ।
खुखुंद झें ।
O O I I S S

इति दीपकः।।५९।।

चच्चत्पुटः सिंहनादो जयश्रीर्जयमङ्गलः।
श्रीरङ्गो हंसनादश्च स्युरमी अष्टमात्रिकाः।।८३।।
चच्चत्पुटः स विज्ञेयो यत्र स्यात् तगणः प्लुतः।
द्रें थउ । गथउ । गाधिक् कथउ धिद्धि किथउ
ताद्रै कथउ द्रैं ।

S S I S

इति चच्चत्पुटः।।६०।।

सिंहनादे विधातव्यं लघुर्गुरुयुगं लगौ।।८४।।
तत्तगिथु द्रहिथुंगधिद्धि । तक्कट धिक्कट थु।
थर्हित्थर्हि गिर्थो ।
I S S I S

इति सिंहनादः।।६१।।

जयश्रियां तु रगणाद् व्यापकश्च तथा गुरुः।
तकि दों घटि। गणटैं। तक्कट। थिरकट
टिगधिता कत्थउ। टं ।

S I S I S

इति जयश्रीतालः।।६२।।

जयमङ्गलताले तु कर्त्तव्यं सगणद्वयम्॥८५॥
तकिधिता। धिक्कथउ। क्रिडि क्रिडित।
रत्थुंगिणि। तक्किथउ गणगण द्रें ॥

। । ऽ । ऽ

इति जयमङ्गलः॥६३॥

सगणाल्लः प्लुतश्चैव ताले श्रीरङ्गसंज्ञके।
धिग्डितकि। थुंग्डिदिगि। थुगुतक्कित्ता।
तत्तत। तटकुटि धिटि टें ॥

। । ऽ । ऽ

इति श्रीरङ्ग॥६४॥

हंसनादे लघुस्त्र्यङ्गो द्रुतयुग्मं प्लुतस्तथा॥८६॥
तत्तकट। धिक्कट थर्ह्हि कथुग थर्ह्हि
थर्हि गुथ। तत्ता धिद्धिद्रैं गगटें

। ऽ ० ० ऽ

इति हंसनादः॥६५॥

साम्प्रतं ते च भण्यन्ते ताला ये नवमात्रिकाः।
जयतालो बसन्तश्च रङ्गोद्योतनसंज्ञकः॥८७॥
जगणाल्लो द्रुतौ पश्च जयताले प्रकीर्तिताः।
थुगुतकि नगझिंगि। ता धिटैं। द्रैगणता।
कथुगिता। धिद्धि। नग झिंगि दुग झिंगि द्रैं ॥

। ऽ । । ० ० ऽ

इति जयतालः॥६६॥

बसन्तताले विज्ञेयो नगणे मगणस्तथा॥८८॥
तद्धि। कथउ। धिद्धिक्कद्धिच्छ(?क्क?) थउ।

गाधिटें। थउधिटें ॥

। । ।ऽ ऽ ऽ

इति वसन्तः।।६७।।

रङ्गोद्योतनताले तु मगणाल्लप्लुतावपि (मगणो लप्लुतावपि)।
झें खुखुंद ता खुंद नग झिगि खुखुंदु खुंदु दथुगा
नगदुग झिगि झिगि झें ।

ऽ ऽ ऽ । ऽ́

इति रङ्गोद्योतनः।।६८।।

तालानथ प्रवक्ष्यामि दशमात्रादिकान् कति॥८९॥
रङ्गप्रदीपतालस्तु षट्पितापुत्रकस्तथा।
पार्वतीलोचनश्चैव सिंहविक्रीडितोऽपि च॥९०॥
रङ्गप्रदीपने(के) ताले गुरू लघुर्गुरुः प्लुतः।
तत्कुट थर्हि ग्डिदि ग्डिदि थर्हि धें झं झिगिदत्थों।
क्रिडि क्रिडि दथउ त्थों।

ऽ ऽ । ऽ ऽ́

इति रङ्गप्रदीपकः।।६९।।

षट्पितापुत्रके ताले प्लुताच्च मगणप्लुतौ॥९१॥
झें नख खिण नखि रिकटुग झिगिता।
ततकट धिद्धिकट । दरगड दरगड ता ता
षुषुता झिझिझें।

ऽ́ ऽ ऽ ऽ ऽ́

इति षट्पितापुत्रकः।।७०।।

मगणाल्लो द्रुतो गौ च पार्वतीलोचने द्रुतौ।
टकुझि टकुझि टकुझि गुटकुडि ग्डिदिग्डिदित्ता

ददत्थों तदत्थों तकि धिक्कि। थुंदिगण धिद्धि
थथ उदिगण तत्त

ऽ ऽ ऽ । ० ऽ ऽ ० ०

इति पार्वतीलोचनः।।७१।।

सिंहविक्रीडिते ताले लौ पगौ यगणात्प्लुतः।।९२।।
ततततत्ता। धिधिधिद्धि झें त्थर्हिं क्कथउ। गत्थउगा ।
त्तकट दोंता। मकट् थुंगा। नग थुग्गत्ता। तत्तकट
धिद्धिकट। दं थिरगि दं थिरगि दों।।

। । ऽ ऽ । ऽ ऽ ऽ

इति सिंहविक्रीडितः।।७२।।

पूर्णचन्द्राभिधस्तालः स्थित्या चन्द्रवदाकृतिः।
द्रुतमाने द्रुतैर्ज्ञेयो लघुभिस्त्रिंशन्मात्रिकः।।९३।।
एको द्वौ च त्रयश्चैव चत्वारः पञ्च च क्रमात्।
एवं च व्युत्क्रमेणैते द्रुतास्तु लघवोऽथवा।।९४।।
तातत्ता तगधिगि ता। तग धिगि थउद्रें ।
नग झिगि दुगगि ता। झिंझि नख खिण।
झें तकुट षुषु ता झिझिगिद्रै थिधैं ता ।
लघुभिर्वा।।

इति पूर्णचन्द्रतालः।।७३।।

पृथ्वीकुण्डलतालस्तु जायते षष्टिमात्रिकः।
तालरत्नाकरं नाम तस्यास्माभिः प्रतिष्ठितम्।।९५।।
पृथ्वीकुण्डलताले स्युर्नयौ नो नमभा यभौ।
यभौ तो यगणश्चैव जगणाच्च गुरुः क्रमात्।।९६।।

तकि धिक थुग धिद्धि। देंथउ। तकथुगु धिकि ।
थुगि थुदों। तत्ता। दिरि गिडि दत्थुउ गत्थउ गा दिगि ।
थुग थुंग थों। गत्थउ धिगि तगि ता। कत्थउ गा ।
तकि धिगि थुगु ता तत त्ता। किट कट दथों ।
थुग किथु गुगण झिगि दुग झिगि झिझ्झें ।
गण गण दुग झिझझिगण दुगझि दुगझिगि ।
झें झिं षुषु। डिं षुषु। षुषु ताझें। णगझिगि झें ।
तत्ता। तत्ता। तग धिगि कि तत्ता। गधिकि तत्तत्त ।
तर्हि खर्हि त्तिकुट थर्हि-थर्हि थरि थरि गि ।
तग थुगु धैं द्धें टें द्रें

। । । । ऽ ऽ ऽ ऽ । । । । । ऽ । । ऽ । । । ऽ ऽ ऽ ।
। । ऽ ऽ ऽ । । ऽ ऽ । । ऽ ऽ । ऽ

प्रस्तारजाश्च ये ताला: ससङ्ख्यानिर्मिताश्च ये।
तालरत्नाकरत्वात्तेऽमुष्मिन्सोपाश्रया: कृता:।।९७।।

इति पृथ्वीकुण्डलताल:।।७४।।

।। इति सोपाश्रयस्तालमुच्चयो विज्ञेय:।।

सङ्ख्यादियुक्तं कलितैकसारं प्रस्तारविस्तारममुं विदित्वा ।
यो वेत्ति सोपाश्रयतालमानं सङ्गीतविज्ञेषु स एव धन्य:।।९८।।

।।इति मलधारिगच्छमण्डनश्रीराजशेखरसूरिशिष्यवाचनाचार्यश्रीसुधाकलशविरचिते स्वोपज्ञसङ्गीतोपनिषत्सारोद्धारे प्रस्तारादिसोपाश्रयतालप्रकाशनो नाम द्वितीयोऽध्याय:।।छ।।

तृतीयोऽध्यायः

यो वीतरागस्य परात्मनोऽपि
गुणानुबद्धं गणरागशुद्धम्।
पुण्यैकलोभात् परया च भक्त्या
गायेत्सुगीतं स तु मुक्तिगामी॥१॥
उद्ग्राहादौ ध्रुवपदे तथाऽऽभोगे गणाः शुभाः।
निधेयाः शुभदास्ते हि गीतकर्तुः प्रभोरपि॥२॥
के गणाः कुत उत्पन्नाः किंरूपाः किंफलप्रदाः।
किंदेवाः कथमुच्चार्याः किञ्चित् तल्लक्ष्म तूच्यते॥३॥
सृष्टिपालनसंहारकर्तारो भुवनत्रये।
ब्रह्म-विष्णु-हरास्तेऽतो विश्वं विश्वं त्रयात्मकम्॥४॥
सर्वशुक्रमयो ब्रह्मा विष्णुर्मांसमयः स्मृतः।
शम्भुश्चास्थिमयो देहे पिण्डेष्वेवं (पिण्डश्चैवं) त्रयीमयः॥५॥
एका मूर्तिस्त्रयो भागा ब्रह्माविष्णुर्महेश्वरः।
एकैव हि त्रयीभूता त्रयी वाप्येकतां गता॥६॥
अतस्तत्त्रयसंयोगान्मूर्तयोऽष्टौ विजज्ञिरे।
पृथ्व्यप्तेजांसि वायुः खं सूर्यचन्द्रात्मलक्षणाः॥७॥
पृथ्व्यादिपञ्चभूतैर्युक् सूर्यचन्द्रात्मसंयुतम्।
नृदेहं निर्ममे स्रष्टा स्वाष्टमूर्तिमयं परम्॥८॥
मर्त्यो महोत्तमश्चैवं गीतकर्ता स एव हि।
गीतप्रभुः स च प्रायो गणास्तच्छुभसूचकाः॥९॥

धात्रादेशात् सरस्वत्या लोकानां हितहेतवे।
शुभाशुभादिज्ञानार्थं विवक्षा वाङ्मये कृताः (ता)॥१०॥
ह्रस्वस्वरयुताश्चैव वर्णास्ते लघवो मताः।
एवं दीर्घाश्च गुरवः पृष्ठस्था युक्तवर्णतः॥११॥
लघुगुर्वात्मका वर्णास्तैस्त्रिभिर्निर्मिता गणाः।
त्रिवर्णयोगप्रस्ताराद्रूपाण्यष्टौ भवन्ति हि॥१२॥
अष्टावपि गणास्ते च वाङ्मये त्रिकयोगजाः।
एकस्मिन् त्र्यात्मके शम्भौ मूर्तयोऽष्टैव जज्ञिरे॥१३॥
क्रमोत्पन्ना गणास्तेऽष्टौ न्यस्तास्तन्मूर्तिषु क्रमात्।
तत्तद्देवास्तु ते जातास्तन्मयत्वाच्च तत्फलाः॥१४॥
किंरूपाः किमभिधानाः क्रमोत्पन्नाः कथं तु ते।
प्रस्तारन्यासनामादि तदुत्पत्तिरथोच्यते॥१५॥
आदावीप्सितवर्णानां रूपं सर्वं गुरुं न्यसेत्।
लिखेल्लघुं मुख्यगुरोरधः शेषं तु पूर्ववत्॥१६॥
लघोरधो गुरुर्ह्रस्वो गुरोस्त्वन्यच्च पूर्ववत्।
पूर्वतुल्यानि रूपाणि स्युर्यावत् सर्वह्रस्वकम्॥१७॥
प्रस्ताररूपनिर्माणकृते च सुखबोधकम्।
सङ्ख्याङ्कितं बालधियां प्रकारान्तरमुच्यते॥१८॥
स्थानेद्विगुणिताद्वाद्या(:) संक्षिप्ता वर्णपङ्क्तयः।
गुरुभिर्लैस्तथैकाद्यैः स्थानद्विगुणवर्द्धितेः॥१९॥
यत्त(त)मं रूपमुद्दिष्टं नष्टं वा नीयते च यत्।
सङ्ख्याङ्कार्द्धे समे ह्रस्वो गुरुः सैकेऽर्द्ध अर्द्धभाक्॥२०॥
न्यस्ताः सोपानवद्गण्याः सैका वर्णमितैककाः।
उपर्युपरि विक्षेप्या एकैकं मुञ्चता मुखात्॥२१॥

सर्वगुरुरूपमाद्यमेकद्वयादि लघून्यतः।
अन्त्यं च सर्वलघुकं कलिते रूचिवर्णजे॥२२॥

इति कलितम्।।

मयराः सतजा भो नो वर्णाः स्युर्गणपूर्वगाः।
तत्तत्त्वमयाश्चूडामणौ हि कथिता यतः॥२३॥
इति संक्षेपकथनाद्गणा अष्टाप्युदीरिताः।
प्रकटाः सुगमैर्वाक्यैः कीर्त्यन्ते ते सलक्षणाः॥२४॥
त्रिगुरुर्मगणः प्रोक्तो भूतत्त्वी तनुते श्रियम्।
लघुर्गुरू च यगणो वृद्धिकृज्जलतत्वगः॥२५॥
गुरुर्लघुर्गुरुर्दत्ते मरणं रगणोऽग्निभृत्।
प्रवासदायी वायुस्थः सगणो लद्वयं गुरुः॥२६॥
खतत्त्वी शून्यफलकृत् तगणो गो गुरुर्लघुः।
सूर्यदेवो रोगकारी जगणो लगुरुलघुः(लगुरुर्लघुः)॥२७॥
गुरुर्लघू च भगणः कीर्तिकृच्चन्द्रदैवतः।
नगणस्त्रिलघुश्चायं परमात्मा सुखप्रदः॥२८॥
मयौ शिरस्थौ भौमाप्यौ प्रान्तस्थौ च गणौ भनौ।
चन्द्रात्माधिष्ठितौ नेतुर्गीतादौ ते शुभप्रदाः॥२९॥
पद्ये वर्णभवे गीते ताले स्युरुपयोगिनः।
अष्टौ गणास्त्रिजास्त्वेवं द्विजा आर्यादिकेष्वपि॥३०॥
वृद्धेरेकादिवर्णानां षड्विंशत्यक्षरावधि।
एकाक्षरादि पादं स्यात् पद्यं भाषासु षट्स्वपि॥३१॥
पद्येभ्योऽधिकवर्णाः स्युर्दण्डका बहवोऽपि ते।
गाथेत्यनुक्तं यच्छन्दोबन्दि(न्धि)च्छन्दासि पिङ्गले॥३२॥

तालान् सोपाश्रयानुक्त्वा गणोत्पत्तिमुदीर्य च।
स्वरादिरागभाषाणामुत्पत्तिरथ कथ्यते।।३३।।
रागरागाङ्गभाषाङ्गक्रियाङ्गोपाङ्गभेदतः।
अखिलस्यापि नादस्य प्रकाराः पञ्च कीर्तिताः।।३४।।
पञ्चस्वप्येषु चैकैकः स्वरैर्ग्रामैर्हि जायते।
श्रुतिभिर्मूर्च्छनाभिश्च तन्नैरालप्तिभिस्तथा।।३५।।
षड्जर्षभौ च गान्धारो मध्यमः पञ्चमस्तथा।
धैवतश्च निषादश्च ते स्वराः सप्त नामतः।।३६।।
कण्ठोरस्तालुरसनानासाशीर्षाभिधेषु च।
षट्सु स्थानेषु जातत्वात् षड्जः स्यात् प्रथमः स्वरः।।३७।।
कण्ठात् सञ्जायते षड्ज ऋषभो हृदयोद्भवः।
गान्धारस्त्वनुनासिक्यो मध्यमो नाभिसम्भवः।।३८।।
उरसः शिरसः कण्ठात् सञ्जातः पञ्चमः स्वरः।
ललाटे धैवतं विद्यान्निषादः सर्वसन्धिजः।।३९।।
सप्तस्वराणामुत्पत्तिः शरीरे परिकीर्तिता।
नादात्मकानामेतेषां रूपवर्णादि वर्ण्यते।।४०।।
षण्मुखः स्याच्चतुर्हस्तः पाणिभ्यामुत्पले वहन्।
वीणाशोभिकरद्वन्द्वः षड्जस्तामरसप्रभः।।४१।।
कुलं सुपर्वजं जम्बूद्वीपं ब्रह्मा च दैवतं।
शृङ्गारे च रसे गेयोऽमुष्य गाता तु पावकः।।४२।।
मयूरो वाहनं त्वस्य स्वरानुकरणात्पुनः।
लक्ष्म षड्जस्वरस्योक्त्वा द्वितीयस्याथ भण्यते।।४३।।

इति षड्जस्वरलक्षणम्।।

एकवक्त्रश्चतुर्हस्तः पाणिभ्यां कमले दधत्।
वीणां बिभ्रत् कराभ्यां च ऋषभो नीलवर्णभृत्।।४४।।
अग्निस्तु दैवतं शाकं द्वीपं गाता च पद्मभूः।
रसो हास्योऽस्य यानं गौर्गान्धारस्याथ लक्षणम्।।४५।।

इति ऋषभलक्षणम्।।

गान्धारस्त्वेकवदनो गौरवर्णश्चतुष्करः।
वीणाफलाब्जघण्टाभृत्करः स्यान्मेषवाहनः।।४६।।
शङ्करो दैवतं क्रौञ्चो द्वीपं सुपर्वजं कुलम्।
विष्णुर्गाता रसो वीरोऽमुष्य ज्ञेयोऽथ मध्यमः।।४७।।

इति गान्धारलक्षणम्।।

मध्यमश्चैकवक्त्रः स्याद्धेमवर्णश्चतुष्करः।
सवीणाकलशौ हस्तौ सपद्मवरदौ तथा।।४८।।
भारतीदैवतं द्वीपं कुशं वंशं सुपर्वजम्।
गाता चन्द्रो रसः शान्तः क्रौञ्चो वहनमस्य तु।।४९।।

इति मध्यमलक्षम्।।

पञ्चमोऽप्येकवदनो भिन्नवर्णश्च षट्करः।
वीणाकरद्वये शङ्खाब्जे चापि वरदाभयौ।।५०।।
स्वयम्भु(म्भू)र्दैवतं द्वीपं शाल्मलिः (श्च) नृवंशजः।
कोकिला वाहनं गाता नारदः प्रथमो रसः।।५१।।

इति पञ्चमलक्षणम्।।

धैवतो गौरवर्णः स्यादेकवक्त्रश्चतुर्भुजः।
वीणाकमलखट्वाङ्गफलशोभितसत्करः।।५२।।
शम्भुस्तु दैवतं श्वेतं द्वीपं स्यादृषिजं कुलम्।
रसो भयानकश्चाश्वो यानं गाता तु तुम्बरुः।।५३।।

इति धैवतलक्षणम्।।

निषादो गजवक्त्रः स्याच्चित्रवर्णश्चतुर्भुजः।
त्रिशूलपद्मपरशुबीजपूरकभास्वरः।।५४।।
गणेशो दैवतं कौच्चो द्वीपं वंशं सुपर्वजम्।
गाता च तुम्बरुः शान्तो रसः स्याद्वाहनं गजः।।५५।।

इति निषादलक्षणम्।।

स्वरेषु सप्तष्वे(स्वे)तेषु प्रत्येकं ते त्रयोऽपि हि।
मन्द्रमध्यतारसंज्ञा ग्रामाः स्थानस्थितिप्रदाः।।५६।।
वीणाहस्ता अमी देवाः कण्ठहृन्नाभिसम्भवाः।
पुरुषाकृतयः श्वेतपीतरक्ताङ्गशोभिताः।।५७।।

इति ग्रामलक्षणम्।।

सप्तस्वरस्थानकृत्सु स्वस्वस्थानस्थितेषु च।
प्रत्येकं मूर्च्छनैकैका ग्रामेष्वेषु प्रजायते।।५८।।
बाधा लाला समाधानी पूरणी चापराजिता।
विगलिता संयमिनी मद्रा च भ्रमिताक्षरा।।५९।।
द्राविता मङ्गला रामा सुखकृज्जयशेखरा।
रमणी शोभिता नादा तथाभिचरिता मता।।६०।।
नादत्तकासिका चण्डा मूर्च्छना नामतस्त्वमूः।
वीणाहस्ता इमा देव्यो लयकृत्सुखदा मताः।।६१।।
प्रथमस्वरजो ग्रामो मन्द्रस्तद्वा च मूर्च्छना।
निषादे तारचण्डे च भूमौ मर्त्यगलेन हि।।६२।।
एवं वीणादिलक्ष्याः स्युर्मूर्च्छनास्त्वेकविंशतिः।
भवन्त्येकोनपञ्चाशत्तानास्ताँश्च भणाम्यहम्।।६३।।

इति मूर्छनालक्षणम्।।

(अथ तानाः)

तन्न तेन्ना यदुच्यन्ते तानास्ते स्वरसंस्थिताः।
आलप्तिश्रुतिसंस्थानव्यापकर्तार एव ते॥६४॥
ताना-नाता-नतानन्ता-तन्न-तेन्नक-तन्नकाः।
विज्ञेयास्ते क्रमात् तानाः सप्त सप्त स्वरे स्वरे॥६५॥
विचित्रं जन्तुवद्वक्त्रं तेषां देहं नराकृतिः।
तत्तत्स्वरकृतावीणाकरास्ताना(:)प्रकीर्तिताः॥६६॥

इति तानालक्षणम्।।

अथ श्रुतयः॥

नादान्ता निष्कला गूढा सकला मधुरा तथा।
कामाङ्गा मधुरा श्यामा तारा चन्द्रानना शुभा॥६७॥
असम्पूर्णा वरा पूर्णा रञ्जिका वातिका परा।
प्रसन्नमदना वामा बाला मधुमती तथा॥६८॥
द्वाविंशतिश्च श्रुतय एता ज्ञेयाः स्वरानुगाः।
श्रुतिभिः कियतीभिस्तु युक्तास्ते च स्वराः क्रमात्॥६९॥
चतुःश्रुतिस्त्रिश्रुतिः स्याद्विश्रुतिश्च चतुःश्रुतिः।
त्रिश्रुतिश्चतुःश्रुतिश्च द्विश्रुतिश्च स्वरा मताः॥७०॥

इति श्रुतिलक्षम्।।

श्रुतिभिर्मूर्च्छनाभिश्च ग्रामैस्तेनैश्च संहिताः।
मताः सप्तस्वरास्तैस्तु रागभाषादयः कृताः॥७१॥

(अथ रागाः)

तावन्तस्ते तु रागाः स्युर्यावन्त्यो जावजातयः।
षोडशसहस्रसङ्ख्यास्ते रागा गोपीकृता मताः॥७२॥

बुद्धिदौर्बल्यतस्तेऽपि न ज्ञायन्ते कथंचन।
अतोऽल्पबुद्धिज्ञानार्थं तेऽधुना नियताः कृताः॥७३॥
श्रीरागप्रमुखा रागाः षट् षड्भाषाभिरन्विताः।
प्रत्येकं ते च विज्ञेयास्ताँस्तु वक्ष्ये सलक्षणान्॥७४॥
श्रीरागो(ऽथ) वसन्तश्च भैरवः पञ्चमस्तथा।
मेघरागश्च विज्ञेयो षष्ठो नट्टनरायणः॥७५॥
रूपवर्णादिकं किञ्चिदमीषां प्रतिपाद्यते।
श्रीरागोऽथ गौरवर्णः सोऽष्टहस्तश्चतुर्मुखः॥७६॥
पाशाब्जपुस्तकाङ्कुशबीजपूरकभृत्करः।
वीणा करद्वयेऽस्य स्यादेकश्च वरदः करः॥७७॥
विख्यातोऽयं हंसयानो ब्रह्ममूर्त्तिरिवापरः।
एतस्यानुगभाषाणां नामानि स्युर्यथाक्रमम्॥७८॥
गौडी कोलाहलान्धाली द्रविडी मालवकैशिकी।
षष्ठी स्याद्देवगान्धारी तासां वर्ण्यादि (वर्णादि) वर्ण्यते॥७९॥
गौड़ी भाषा पीतवस्त्रा गौराङ्गी गजवाहना।
कोलाहला रक्तवस्त्रा गौरा तु शुकवाहना॥८०॥
धूम्राभा कृष्णवसनान्धाली शूकरवाहना।
द्रविडी रक्तचीरा स्याद्धेमाभा मत्स्यवाहना॥८१॥
मालवकैशिकी गौरा क्रौञ्चगा रक्तचीवरा।
रक्ताभा देवगान्धारी पीतचीराश्वयायिनी॥८२॥
श्रीरागानुगता भाषा वीणाहस्ता षडप्यमूः।
रागस्याथ वसन्तस्य रूपवर्णादि कीर्त्यते॥८३॥

इति सभाषाश्रीरागलक्षणम्॥

षड्वदनो दशकरो वसन्तो विद्रुमप्रभः।
सुतालशङ्खखट्वाङ्गफलचक्राब्जभृत्करः॥८४॥

सवीणौ च करौ यस्य वरदाभयदौ तथा।
वाहनं कोकिला चैत्रे वैशाखे गीयते स च॥८५॥
आन्दोला कैशिकी चैव तथा प्रथममञ्जरी।
गुण्डगिरी देवशाखा रामग्री षट्(ड्) वसन्तजाः॥८६॥
अथासां लक्ष्म चान्दोला दोलारूढा सुवर्णभा।
शेषा अपि च गौराङ्ग्यो दोलास्था नादपूरिता॥८७॥

इति सभाषवसन्तलक्षणम्।।

भैरवः श्वेतवर्णः स्यादेकवक्त्रोऽष्टहस्तभाक्।
वृषयानः कृत्तिवासाः कल(काल)भैरवरूपभृत्॥८८॥
सर्पत्रिशूलखट्वाङ्गजपमालाभिरन्वितैः।
वीणापाशफलाब्जैश्च पाणिभिर्भूषितोऽह्ययम्॥८९॥
भैरवी गुर्जरी चैव भाषा वेलाकुली तथा।
कर्णाटी रक्तहंसा च भाषाः षट्(ड्) भैरवानुगाः॥९०॥
नीलांशुका रक्तवर्णा भैरवी शुकवाहना।
गौरवर्णा पीतवस्त्रा गुर्जरी मेषगभिनी॥९१॥
श्यामाङ्गी कृष्णवसना भाषा गरुडवाहिनी।
वेलाकुली रक्तचीरा गौरा स्याद्वृषयायिनी॥९२॥
कर्णाटी हस्तिगमना नीलाङ्गी रक्तचीवरा।
हंसयाना पतिवस्त्रा रक्तहंसा प्रवालभा॥९३॥

इति सभाषभरैवलक्षणम्।।

पञ्चमस्य च रागस्य सभाषस्याथ लक्षणम्।
पञ्चमः पञ्चवक्त्रः स्याद्दशहस्तो गजेन्द्रगः॥९४॥
वीणापाशफलाङ्कुशखट्वाङ्गाब्ज(ङ्गवर)भृत्करः।
तालाभयादियुक्पाणिः श्यामलाङ्गश्च कीर्त्यते॥९५॥

पञ्चमरागस्य अमूः(पञ्चमस्य च रागस्यामूः) षड् भाषा मतान्तरे।
त्रिगुणा स्तम्भतीर्थी स्यादाभीरी ककुभा तथा।
वइराडी च सामेरी षड् भाषाः पञ्चमे मताः॥९६॥
त्रिगुणा महिषयाना च श्यामला कृष्णचीवरा।
स्तम्भतीर्थी पीतवस्त्रा रक्ताङ्गा सर्पवाहना॥९७॥
नीलाम्बरा च गौरा स्यादाभीरी केकिगामिनी।
ककुभा रक्तसिचया रक्ताङ्गी बकवाहना॥९८॥
बईराडी भिन्नवर्णा च कृष्णवस्त्रोष्ट्रयायिनी।
श्वेतवर्णा नीलवस्त्रा सामेरी स्यान्मृगासना॥९९॥

सभाषपञ्चमरागलक्षणम्।।

अथ मेघाभिधो राग एकवक्त्रोऽष्टपाणिभृत्।
मेघवर्णः केकिगामी पीताम्बरधरोऽपि च॥१००॥
शङ्खचक्रगदावीणापद्माभयवरासिभृत्।
करोच्चयो यस्य बभौ तस्य भाषा षडप्यथ॥१०१॥
बङ्गाला मधुरा चैव कामोदा चोक्ष (चाक्ष)साटिका।
देवगिरी च देवाला तासां लक्षणमुच्यते॥१०२॥
बङ्गाला पीतवसना गौराङ्गी खड्गामिनी।
पीतवस्त्रा च नीलाङ्गी मधुरा सारसासना॥१०३॥
नीलाम्बरा गौरदेहा कामोदा क्रौञ्चयायिनी।
गौराङ्गी पीतवसना हंसगा चाक्षसाटिका॥१०४॥
ताक्ष्र्यासना देवगिरी मेघाभा रक्तचीवरा।
मयूरवाहना श्यामा देवाला नीलचीवरा॥१०५॥

इति सभाषमेघरागलक्षणम्।।

नट्टनारायणो रागो नीलवर्णश्चतुर्भुजः।
शङ्खचक्रगदावीणाकरः स्याद्गरुडासनः॥१०६॥
तोटिका मोटिका चैव नट्टा डुम्बी तथैव च।
मल्ला(ल्हा)री सिन्धुमल्हारी नट्टनारायणाश्रयाः॥१०७॥
अथासां लक्षणं रक्ता तोटिका सम्बरासना।
मोटिका नीलवसना गौरा कुर्कुट(क्कुट)वाहना॥१०८॥
नट्टा क्रौञ्चासना पीतचीवरा मेघदेहभा।
हेमवर्णा रक्तचीरा डुम्बी स्यान्नरवाहिनी॥१०९॥
नीलाभा रक्तवसना मल्लारी(ल्हारी) च कपोतगा।
सिन्धुमल्ला(ल्हा)रिका गौरा पीतचीरा गजासना॥११०॥
वीणाहस्ता नादरूपा भाषा षट्त्रिंशदात्मगाः।
रागभाषे त(षास्त)थोक्त्वाथ रागाङ्गादिकमुच्यते॥१११॥

इति सभाषनट्टनारायणलक्षणम्॥

देवशाखा मालवश्रीर्धनश्रीर्दीपकादयः।
स्वचतुर्ज्जातिसंयुक्ता रागाङ्गा(:) कथिता अमी॥११२॥

इति रागाङ्गाः॥

बृहती पुलन्ध्रिका चैव सैन्धवी ललितादयः।
भाषाङ्गा विविधा भीमपलासीप्रमुखा अपि॥११३॥

इति भाषाङ्गाः॥

वैराटिका वृद्धहंसा तथा सौराष्ट्रिकादयः।
शोकः शकादयश्चान्यैः क्रियाङ्गेषु प्रकीर्तिताः॥११४॥

इति क्रियाङ्गानि॥

केदारवर्णस्थानाख्यास्तथा मालविकादयः।
कर्णाटबङ्गालमुखाः सर्वे गौडा उपाङ्गगाः॥११५॥

इत्युपाङ्गानि॥

ज्ञेया रागेषु रागाङ्गाः क्रियाङ्गोपाङ्गकावपि।
तथा भाषासु भाषाङ्गाः स्वस्वदेशभवा अपि॥११६॥
रागाश्चतुर्विधा देश्यशुद्धसालिगछाइलाः।
ओडवः षाडवः पूर्णोऽपूर्णोप्येति चतुर्विधाः॥११७॥
नृसंज्ञिता मता देवा देव्यश्च महिलाभिधाः।
वीणाहस्ता नादरूपाः सर्वे ज्ञेया अमी बुधैः॥११८॥

इति रागरागाङ्गक्रियाङ्गोपाङ्गभाषाभाषाङ्गलक्षणम्।।

रचितास्ते त्वलङ्काराः सप्तस्वरमुखाक्षरैः।
एषु सर्वेषु रागेषु स्वराणां कारणं हि तत्॥११९॥
अन्योन्यस्वरवर्णानां सान्तानां तु प्रयोगतः।
ये जायन्ते वर्णगुम्फास्तेऽलङ्काराः प्रकीर्तिताः॥१२०॥
तेऽलङ्कारा द्वादशैवमाद्याः शिवमते मताः।
साद्या अष्टादशमतास्ते तु गौरीमते तथा॥१२१॥
अष्टादशान्तर्लीनास्तु द्वादशैते शिवोद्भवाः।
अतो गौरीमतोद्भूताँस्तानेवाष्टदश ब्रुवे॥१२२॥
प्रसन्नश्च परावृत्तो निवृत्तः परिवर्तकः।
आक्षिप्तः सम्प्रदानश्चोद्वाहश्चोपलोलकः॥१२३॥
क्रामको (क्रमको) बहुमानश्च घातको मलिनस्तथा।
हुङ्कारोद्योतविद्योताः सुबाहुप्रौढसन्मुखाः॥१२४॥
अष्टादशेत्यलङ्कारा नामतः कथिता अमी।
क्रमव्य(व्यु)त्क्रमविन्यस्ताष्टवर्णानां क्रमो ह्यथ॥१२५॥

सारीगमपधनीसा॥	प्रसन्नः॥१॥
सानीधपमगरीसा॥	परावृत्तः॥२॥

सारी (।) सारीग (।) सारीगम (।) सारीगमप (सारीगमपध)

सारीगमपधनी (।) सारीगमपधनीसा।। निवृत्तः।।३।।

सानीसा (।) नीधसा (।) नीधपसा (।) नीधपमसा (।) नीधपमगसा (।)

नीधपमगरीसा (।) नीधपमगरीसा।। परिवर्त्तकः।।४।।

रीसा (।) गरीसा (।) मगरीसा (।) पमगरीसा (।) धपमगरीसा (।)

नीधपमगरीसा (।) सानीधपमगरीसा।। आक्षिप्तः ।।५।।

सानी (।) सानीध (।) सानी सानीधप (।) सानीधपम (।)

सानीधपमग (।) सानीधपमगरी (।) सानीधपमगरीसा (।)

सम्प्रदानः।।६।।

रीसा । गरी । मग । पम । धप । नीध । सानी। उद्वाहः।।७।।

सानी । नीध । धप । पम । मग । गरी । रीसा । उपलोलकः।।८।।

सारी । रीग । गम । मप । पध । धनी । नीसा । क्रामकः ।।९।।

सानी । नीध । धप । पम । मग । गरी । रीसा । बहुमानः।।१०।।

साग । सारी । रीम । गप । मध । पनी । सनीसा(धसा)।

घातकः।।११।।

सानी । साध । नीप । धम । पग । मरी । गसारीसा (गसा । रीसा)

मलिनः ।।१२।।

सारीगम मगरीसा । सानधिप पधनीसा। हुंकारः।।१३।।

सासा। रीनी । गध । मप । पम । धग । नीरीसासा । (नीरी ।

सासा)। उद्योतः ।।१४।।

सामपसा (।) सारीग (।) धनीसा (।) सानीध (।) गरीसा ।

सापमसा। विद्योतः ।।१५।।

सारीसा सामसा । सामनीसा । साधपसा। सुबाहुः।।१६।।

मपगध । रीनीसासा । सासानीरी । धगमप । प्रौढ़ः।।१७।।

सागपनीसा । सारीमधसा । साप (।) रीध (।) गनी (।)

मसा (।) सरिगरीसा । गमपमगा । पधनीधपा।

सानीधनीसा । धपमपधा । मगरीगमा । साम । रीप ।

गध । मनी (।) पसा । साप (।) नीम (।) धग (।) परी (।) मसा ।

इति सन्मुखः॥१८॥

एवमलङ्कारा ज्ञेयाः॥१८॥

१ २ ३ ४ ५ ६ ७ ८ सा री ग म प ध नी सा सूचिकावत् सूक्ष्म स्वर आद्यः प्रौढः प्रान्तैश्चेति प्रसन्नः।१	८ ७ ६ ५ ४ ३ २ १ सा नी ध प म ग री सा सर्पकाय इव पतत् स्वर इति परावृत्तः। २
१ २ ३ ४ ५ ६ ७ ८ सा री ग म प ध नी सा बालचन्द्रवत् क्रमेण स्वरै- र्वर्द्धित इति निवृत्तः। ३	८ ७ ६ ५ ४ ३ २ १ सा नी ध प म ग री सा घण्टानादवत् पूर्वौक्तस्वरा हीयन्ते इति परावर्त्तकः। ४
१ २ ३ ४ ५ ६ ७ ८ सा री ग म प ध नी सा गोवत्सवदग्रे गत्वा गामेवाभ्येति इति आक्षिप्तः। ५	व्युत्क्रमस्वरा विजयिनृपवत्स्वस्थानस्थः पृष्टस्थान्देशान्मन्दं२ सर्वान्भुनक्ति (इति) सम्प्रदानः। ६
क्रमस्वरा सुवंशवत्परः परेण प्रकाश्यते इति उद्वाहः। ७	व्युत्क्रमस्वराः पूर्वजवत् वृद्धान्२ प्रकाशयन्ते (इति) उपलोलकः। ८
क्रमस्वराः पितृपुत्रवत् पितुः पुत्रः स एव पिता तस्यान्यः पुत्र इति क्रामकः। ९	व्युत्कमस्वराः राज्यक्रमवत् पूर्वपूर्वराज्यं गृह्णाति इति बहुमानः। १०

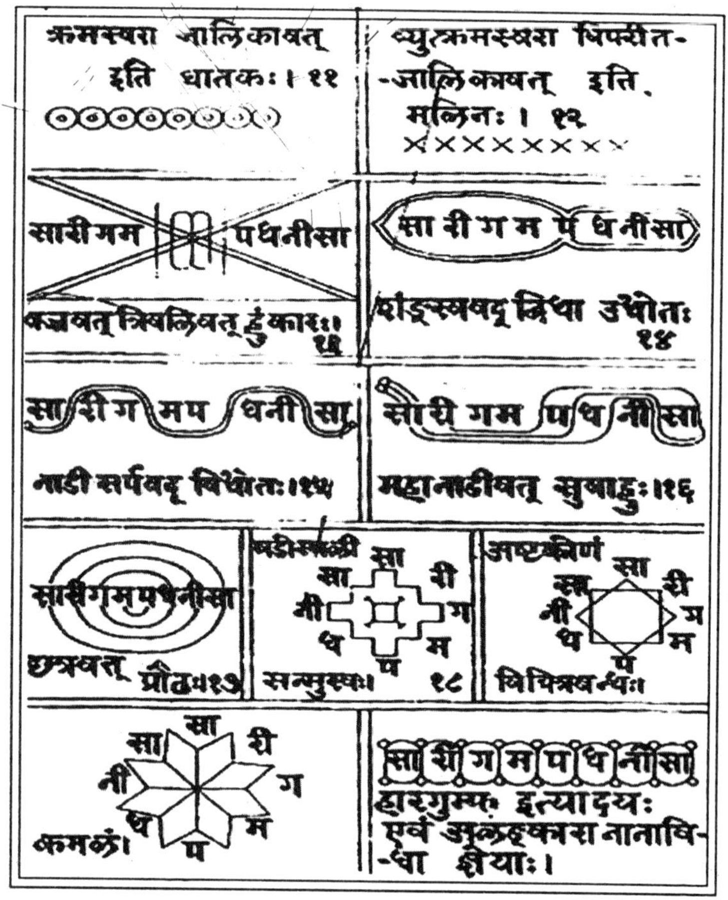

छत्रचक्रासिशङ्खाब्जजालीगोमूत्रिकादयः।
स्युर्विचित्राणि चित्राणि बुद्ध्या तदाकृतिः॥१२६॥
क्रमव्युत्क्रमविन्यासादन्योन्यं स्वरयोगतः।
जायन्ते बहवो भेदास्तेऽस्मिन्नष्टादश स्मृताः॥१२७॥
एवमष्टादश प्रोक्ता अलङ्काराः स्वरानुगाः।
न्यस्ता अमी प्रबन्धस्थकरणे स्वरपूर्वके॥१२८॥

पाटानां करणे चेयमेव रीतिर्मता हिता।
अष्टावाद्योत्थपाटानां योगात्तत्स्वरवद्भवेत्॥१२९॥
अष्टौ ते भूतला(भुङ्गला)वंशौ वीणापट्टाउजौ तथा।
मृदङ्गतवि(त्रिव)ली तालकांस्यतालौ स्वभेदिनौ॥१३०॥

इत्यलङ्कारस्वरकरणपाटकरणानां लक्षणम्।।

स्वरकरणसुदक्षः पाटबन्धैकधुर्यः
स्वरनियमितरागप्रौढभेदप्रवीणः।
सरसवचनगुम्फो गीतनिर्माणकृद्यः।
स हि भवति यशस्वी सर्वराज्ञां सदस्सु॥१३१॥

।। इति श्रीमलधारि(गच्छमण्डन)श्रीराजशेखरसूरिशिष्यवाचनाचार्यश्रीसुधाकलशविरचिते स्वोपज्ञसङ्गीतोपनिषद्ग्रन्थसारोद्धारे गणस्वरागादिप्रकाशनो नाम तृतीयोऽध्यायः।।३।।छ।।

चतुर्थोऽध्यायः

सरभसमिलितानां नाकलोकाङ्गनानां
ततघनशु(सु)षिराख्यानद्धवाद्यैश्च नृत्यैः।
त्रिभुवनजनतायाः सौख्यकृद्यः स्ववाण्या
समवसरणभूमौ वीतरागो मुदे सः॥१॥

अथ वाद्यानि कथ्यन्ते बन्धा वर्णाश्च तद्भवाः।
वाद्यानीह चतुर्धाः स्युस्तज्जा वर्णास्त्वनेकधा॥२॥

ततं वीणादिकं वाद्यं तालप्रभृतिकं घनं।
वंशादिकं तु शु(सु)षिरमानद्धं मुरजादिकम्॥३॥

केचिदूचुस्त्रिधा वाद्यमङ्क्यालिङ्ग्यूर्ध्वगं त्विति।
पुङ्खापुटतालगात्रयन्त्राणीति तु पञ्चधा॥४॥

आहतोऽनाहतश्चैव दण्डाहतकराहतौ।
वाताहतश्चैत्यथवा पञ्चशब्दा उदीरिताः॥५॥

तते वीणादिके वीणाः पिनाकीकिन्नरीमुखाः।
पिनाकी सधनुस्तुम्बा किन्नर्यो द्वित्रितुम्बिकाः॥६॥

वीणास्तु देववीणाद्यास्तास्त्विमा नादपूरिताः।
शिवस्य वीणानालम्बी सरस्वत्यास्तु कच्छपी॥७॥

विश्वावसोस्तु बृहती महती नारदस्य च।
कलावती तुम्बरोस्तु गणानां च प्रभावती॥८॥

तथा घोषवती वीणा विपञ्ची कण्ठकूणिका।
वल्लकी ब्रह्मवीणेति वीणाभेदास्त्वनेकशः॥९॥

वीणास्त्वेकतन्त्र्याद्यास्तन्त्रीसङ्ख्याङ्किताभिधाः।
एकविंशतितन्त्र्यन्ता मानव्यो दैवता अपि॥१०॥
एकतन्त्री द्वितन्त्री च त्रितन्त्री सप्तन्त्रिका।
एकविंशतितन्त्री चेत्युत्तमा मध्यमापराः॥११॥
भजते सर्ववीणासु सैकतन्त्री प्रधानताम्।
ब्रह्महत्यां हरत्येषा दर्शनात् स्पर्शनादपि॥१२॥
दण्डः शिवः शिवा तन्त्री नाभिभूर्नाभिरुच्यते।
तुम्बं विष्णुः कला ब्राह्मी वासुकिर्दोरकस्त्वतः॥१३॥
स्वरान्ग्रामान्मूर्च्छनाश्च तालल्प्तिश्रुतीस्तथा।
संसाध्य तस्यां रागास्तु सर्वे वाद्या(:) सुबुद्धिभिः॥१४॥
स्वरसाधनसंस्थानबिन्दुसप्तकदण्डया।
वीणया निर्मिताभ्यासो नादः शुद्धिकरः परः॥१५॥
गुरूपदेशादन्येऽपि भेदा वाद्याश्च कौतुकात्।
संक्षेपान्नाममात्रेण वक्ष्ये भेदास्तु कत्यपि॥१६॥
कत्रवाडो बूटवाडश्छन्दो धारा च कैकुटी।
कङ्कालो हांफ हूंफेति तिरिपो वहणिर्बलिः॥१७॥
वयणिः कोमलिस्तीषिश्चोषिर्भरितपूरितौ।
ओहरः प्रसरस्त्राणः प्राणाद्या वैणिका मताः॥१८॥
घातः पातश्च संलेखो लेखोल्लेखा च लेखकाः।
घोषोऽर्द्धकर्त्तरी रेफो भेदा एवं घना मताः॥१९॥
आलप्तयोऽप्यथ ज्ञेया व्यक्ताव्यक्तात्मकाकुकाः।
परकाकुर्देशकाकु(:) शुद्धा सालङ्कृता तथा॥२०॥
सन्यासा निरलङ्कारा पदहीना पदान्विता।
अनिबद्धा निबद्धा चेत्येवमालप्तयः स्मृताः॥२१॥

एकैकस्य च वाद्यस्य तद्बन्धस्य च निर्मितेः।
तद्वाद्यपाटवर्णानां सम्यग् विज्ञा सरस्वती॥२२॥
यद्यत् कार्यकरं वाद्यं सुसाध्यं लोकवल्लभम्।
तत्तत् प्रकीर्त्यते चात्र नान्यद्ग्रन्थस्य गौरवात्॥२३॥

इति ततवाद्यवीणादिलक्षणम्।।

तन्त्रीयुतानि वाद्यानि तथा पट्टाउजादयः।
कराङ्गुलिघृष्टवाद्यास्ते तु सर्वे ततास्स्मृताः॥२४॥

इति ततवाद्यानि।।

घनवाद्यान्यतो वच्मि तालप्रभृतिकानि तु।
तालौ च कांस्यतालौ च झल्लरीप्रमुखान्यपि॥२५॥
सुकुमारस्वरा शक्तिः शिवः स्यात् कर्कशस्वरः।
शिवशक्त्यात्मकौ तालौ स्वराल्लक्ष्यौ तु कांस्यजौ॥२६॥
कालमानकरौ गीते वाद्ये च निपतत्स्वरौ।
फुल्लपद्माकृती तुल्यौ तालौ सङ्गीतसाधकौ॥२७॥
तालाकृतीकांस्यतालौ ततौ प्रौढौ च वर्तुलौ।
कांस्यजा च दृढा प्रौढा झल्लरी स्थालरूपिणी॥२८॥

इति घनवाद्ये तालकांस्यतालझल्लरीलक्षणम्।।

वाद्यानि सुषिरे चाथ वंशशङ्खश्चभुङ्गला।
भेरी शृङ्गं वंसुली च मुखवाद्यान्यनेकशः॥२९॥
वैणवः खादिरो दान्तश्चान्दनो रक्तचन्दनः।
आयसः कांस्यजस्तारो भवेद्दण्डश्च हेमजः॥३०॥
खादिरो वर्तुलः श्लक्ष्णो ग्रन्थिभेदव्रणोज्झितः।
कनिष्ठाङ्गुलिविस्तारं गर्भेऽस्य सुषिरं मतम्॥३१॥

त्यक्त्वा च तत्र दण्डे त्रीण्यङ्गुलानि शिरःस्थलात्।
मुक्तासूक्ता(क्त्वा फूत्का)रसुषिरं कार्यमङ्गुलिसम्मितम्।।३२।।
द्विहस्ताङ्गुलिवाद्यानि दण्डप्रान्ते द्वितीयके।
एकाङ्गुलान्तराणि स्युश्छिद्राण्यन्यानि सप्त च।।३३।।
तान्यष्टौ बदरीबीजसदृशानि भवन्ति हि।
नादहेतोर्मारुतस्य निर्गमाय कृतानि तु।।३४।।
भवन्ति मुखरन्ध्रस्य ताररन्ध्रस्य चान्तरे।
एकैकाङ्गुलिवृद्धाः स्युर्वंशाश्च द्वादश क्रमात्।।३५।।
द्वाविंशत्यङ्गुलमितं वंशं यावद्भवन्त्यमी।
अविस्पष्टश्रुतित्वात्ते वंशा नोक्तास्तु नीरसाः।।३६
जयो नवाङ्गुलो ज्ञेयो विजयो द्वादशाङ्गुलः।
त्रयोदशाङ्गुलो नन्दो महानन्दश्चतुर्दशः।।३७।।
अमी प्रशस्ताश्चत्वारः सरङ्गाः सरसा इति।
फुंकाश्चतस्त्र एतेषां तासां संज्ञा(ः) क्रमादमूः।।३८।।
इरला विरला चैव पौरा प्रौढा च नामतः।
इरला सूक्ष्मनादा स्याद्विरला ज्योतिरन्विता।।३९।।
पौरा तु काहलानादा प्रौढा रङ्गविनाशिनी।
घनत्वं सुस्वरत्वं च पूरत्वं फूत्कृतेर्गुणाः।।४०।।

इति सुशिरे वंशलक्षणम्।।

अभग्नं शङ्खमुत्ताननाभिकं सागरोद्भवम्।
एकाङ्गुलं तस्य मुखे रन्ध्रं शब्दस्य कारकम्।।४१।

इति शङ्खलक्षणम्।।

भुङ्गला ताम्रघटिता गोपुच्छाकारधारिणी।
प्रलम्बबाहुदण्डाङ्गी वाद्या मङ्गलकर्मसु।।४२।।

इति भुङ्गलालक्षणम्।।

नृपवाद्यं भवेद्भेरी भद्रा कालनिवेदिनी।
धत्तूरकुसुमाकाराऽखण्डा प्रौढनिनादिनी॥४३॥

इति भेरीलक्षणम्॥

महिषशृङ्गजं शृङ्गं वक्राकारं च तत्तनु।
श्यामं सूक्ष्माग्रवदनं गोपवाद्यं त्रुटत्स्वरम्॥४४॥

इति शृङ्गलक्षणम्।

वंशवद्वंसुली ज्ञेया वंशखण्डा समाङ्गभृत्।
गोपप्रियानेकविधा वाद्या साऽहिधृतामपि॥४५॥

इति वंसुलीलक्षणम्।

काहला श्वापचं वाद्यं तुररीयं तु नाद्यगम्।
रणवाद्यं मधुकरी चास्यजं सुषिरं विदुः॥४६॥

इति सुषिरवाद्यलक्षणम्।

मुरजादिपदानद्धं तद्वाद्यमथ वच्म्यहं।
मृदङ्गढक्कानिस्साण त्रिवलीपटहादिकम्॥४७॥
मुरजस्तु मते जैने जातः शङ्खान्महानिधेः।
लोके तु स्वयमीशेन स वाद्यो मुरजः कृतः॥४८॥
कथं रुद्रेण तद्वाद्यं मुरजाख्यं विनिर्मितं।
कथं पाटभवा वर्णा न्यस्तास्तस्मिँश्च बन्धिनि॥४९॥
कैलासाद्रौ स्थितं रुद्रमन्यदा ध्यानतत्परम्।
ज्ञात्वा स्वघातकमिति तत्रागान्मुरजासुरः॥५०॥
प्राप्तब्रह्मवरं मां तु न हन्तुं कोऽप्यलं परः।
ऋते हरात्तपोयुक्तादतस्तं पातयाम्यतः॥५१॥
विमृश्यैवं तपोविघ्नरूपं निर्मापयन्मधुं।
तत्र कैलासशिखरे वने बहुतरौ च सः॥५२॥

ध्यानं विसृज्य रुद्रोऽपि पश्यति स्म तपोवनम्।
तपोलोपि च तज्ज्ञात्वा तत्कृतं ज्ञानचक्षुषा॥५३॥
तपोलोपिनि तस्मिंस्तु कुपितो निर्ययौ ततः।
रुद्रो रुद्रमनास्तं च दृष्ट्वा प्रोवाच राक्षसम्॥५४॥
तपोभङ्गोद्यमं कृत्वा रे रे रक्षः क्व यास्यतः।
व्रजन्नित्युक्त एवायं युयुत्सुर्हरमापतत्॥५५॥
स चिरं योधयित्वा तं पशुमारममारयत्।
कण्ठपाण्यंह्रि(ण्यङ्घ्रि)हीनं तद्देहं कृत्वात्यजद्भुवि॥५६॥
शिवे स्वस्थानमायाते सार्द्रं तद्देहपञ्जरम्।
उत्पाट्य मांसलोभेन गृध्रैर्नीतं नभस्तले॥५७॥
मांसं तत्पञ्जरस्थं तैः किञ्चिद्भुक्त्वाऽतिभारतः।
पातिते स्वमुखेभ्यस्तत्सान्त्रं वृक्षोपरि स्थितम्॥५८॥
अन्त्रावलीभिः संलग्नं तरुशाखावलम्बि तत्।
सूर्यातपेन संशुष्कं चर्मानद्धं मुखद्वये॥५९॥
निर्म्मांसत्वात्तदन्तस्तु सुषिरं वायुयोगतः।
शब्दायमानं श्रीकण्ठः सु(शु)श्रावाथ वने भ्रमन्॥६०॥
तच्छब्दितं समाकर्ण्य श्रुतिसौख्यकरं परं।
कौतुकात्तत्र गत्वेशस्तं ददर्श तथा स्थितम्॥६१॥
किमेतदिति तद्रूपं पश्यन्सस्मार तं शिवः।
विचिन्त्य स्वहतं पूर्वं वामहस्तेन चास्पृशत्॥६२॥
विशेषशब्द उत्पेदे ता इत्यस्मिन्सनादके।
कौतुकाद्दक्षिणेनापि करेण प्रहतं ततः॥६३॥
उत्पन्नो धीत्ययं शब्दस्तं जघान पुनः शिवः।
करेण वामेन परो जजृम्भे थों इति स्फुटम्॥६४॥

दक्षिणेन करेणापि मुरजाच्च पुनर्हतात्।
जज्ञे द्रैमित्ययं शब्दः स चाथ स्वाश्रयं ययौ॥६५॥
कियत्यपि गते काले प्रावृडर्त्तौ(डृतौ) समेऽन्तरि।
विज्ञप्तः शम्भुरुमया नवोटजकृते तदा॥६६॥
पलाशसर्ग(र्ज)पत्राणां शाड्वलानां निवेशनात्।
गणेभ्यः कारयामास शर्वस्तत्रोटजं नवम्॥६७॥
एकदोटजपत्रेषु शुष्केषु परिपातितान्।
नवाब्देनाम्बुबिन्दूँस्तु शुश्रावोमायुतो हरः॥६८॥
उक्तं च शिवया स्वामिन्पत्रेष्वासारयोगतः।
सञ्जाता यादृशाः शब्दास्तादृशान्स्थापय क्वचित्॥६९॥
इत्युक्ते विमृशन्नीशः स्मृत्वा मुरजमोमिति।
ऊचे च पूर्ववृत्तान्तं तच्छब्दांस्तत्र च न्यधात्॥७०॥
ते शब्दाः कीदृशास्तत्र कथं न्यस्तास्तु मर्दले।
तत्प्रसङ्गेन तत्पाणौ उत्पन्नाः कीदृशास्त्विति॥७१॥

तद्यथा—

तक्कड दरगड। धिक(क्क)ड दरगड। ताधिक्कड। दाधिक्कड। दरगड।
धिद्धिकड। तातक्कड। दरगड। तक्कड। दाधिक्कड। दरगड।
धिक्कड। दरगड। दरगड। ताधिथ(त्थ)उ द्रैं।
शुष्कपत्रोद्भवाः पूर्वमुत्पन्ना मुरजेऽपि ते।
उक्ताः शब्दाः पञ्चत्रिंशदथ पाटाः करोद्भवाः॥७२॥
नागबन्धः स्वस्तिकश्च शुद्धाख्यः स्यादलग्नकः।
समखली (समस्खली) चेति पञ्च मुख्याः पाटाः प्रकीर्त्तिताः॥७३॥
प्रत्येकं पञ्च सप्तैते पञ्चत्रिंशद्भवन्त्यतः।
नागबन्धश्च पणव एका एकसरा तथा॥७४॥
दूसारा चैव सञ्चारो विचारो नागबन्धगाः।
अथ सप्त स्वस्तिकाद्याः स्वस्तिको बलिकोहलः॥७५॥

फुल्लविक्षेपकश्चैव चारश्च विनिषण्णकः।
खण्डनागश्च विश्वासः शुद्धाद्यं सप्तकं त्वथ॥७६॥
शुद्धः स्यात्स्वरस्फुरणा उत्फुल्ला सुप्रियो दमः।
नकारो मानवल्ली स्यादमी थालग्नकसप्तकम्॥७७॥
अलग्नकः शुद्धरूपो विश्रामो विषमाखली (विषमस्खली)।
आनन्दः शुचिस्स्फुरणा समखल्यादिकं ततः॥७८॥
समखली(समस्खली) च विकटा सुघटाऽवघटा शुभा।
अड्डखली(अड्डुखली) त्वनुच्छल्ला पाटा एषां क्रमादथ॥७९॥

नननननगि ।	नागबन्धः॥१॥
ननगिड । गिडदगि ॥	पणवः॥२॥
ग्डिदि ग्डिदि ॥	एका॥३॥
ननग्डिदि ॥	एकसरा॥४॥
नखुं नखुं ॥	दूसरा॥५॥
ख च ट किट ॥	संचारः॥६॥
धिकट धिकट ॥	विचारः॥७॥१॥
थों गि ॥	स्वस्तिकः॥१॥
घों हंत ॥	बलिकोहलः॥२॥
थों गिणि । थों थों गि ॥	फुल्लविक्षेपः॥३॥
थुंदि गण ॥	चारः॥४॥
किट थों ॥	विनिषि(ष)ण्णकः॥५॥
थों गि खें खें ॥	खण्डनागः॥६॥
थिरकट थों ॥	विश्वासः॥७॥२॥
नर्हि खर्हि गि ॥	शुद्धः॥१॥
ननगि खर्ह्नि ॥	स्वरस्फुरणः॥२॥

ननगि नखर्ह्लि नखर्ह्लि ॥	उच्छला॥३॥
ग्डिदि ग्डिदि खर्ह्लि ॥	सुप्रियः॥४॥
थोंगि खर्ह्लि ॥	दमः॥५॥
ग्डिदि तत्ता ॥	नकारः॥६॥
धिद्धि ॥	मानवल्ली॥७॥३॥
ननगिड ग्रिडि दा ॥	अलग्नकः॥१॥
थुंदिगण कत्थउ ॥	शुद्धरूपः॥२॥
तकि धिकि ॥	विश्रामः॥३॥
टगु टगु टगु नगु ॥	विषमखली॥४॥
तत्तत्त कट ॥	आनन्दः॥५॥
झें टिगु डि ॥	शुचिः॥६॥
तत्त गट धिद्धि कट ॥	फुरणा॥७॥४॥
नगि झें नगि झें ॥	समखली॥१॥
गिद्दि गु गिद्दि गु ॥	विकटा॥२॥
तक्कत्थउ धि ॥	सुघटा॥३॥
झें दथों ॥	अवघटा॥४॥
तग्डि तत्ता । तद्धि तत ॥	शुभा॥५॥
नगिदि नगि ॥	अडुखली॥६॥
थरकट । थरकट ॥	अनुच्छल्ला॥७॥

पाटा अमी मृदङ्गस्य पञ्चत्रिंशदुदाहृताः।
अन्येऽपि बहवो भेदाः कर्त्तरी समकर्त्तरी॥८०॥
समनखः पाणिहस्तः स्वस्तिकः(को) भ्रमरादयः।
हस्ताभ्यां वाद्यरीतिश्च नोक्ता ग्रन्थगुरुत्वतः॥८१॥
हस्ताभ्यां वाद्यते वाद्यमतस्तद्देवता ब्रुवे।
अङ्गुष्ठे दैवतं ब्रह्मा तर्जन्यामधिपः शिवः॥८३॥

मध्यममायां प्रभुर्विष्णुः सर्वदेवा त्वनामिका।
ऋषिस्थानं कनिष्ठा स्यात्सूर्यः करतलाधिपः॥८४॥
मृदङ्गो मर्दलस्तूर्यं मुरजं शिवनिर्मितम्।
तूरं नद्धं महावाद्यं द्विमुखं पाटसागरः॥८५॥
रुद्रेण नाट्यनृत्यार्थं वाद्यं मुरजसंज्ञया।
निर्मितं कौतुकादेव तत्संज्ञाः कल्पितास्त्विति॥८६॥
वाद्यं लोककृते चान्तः सुषिरं काष्ठजं ततः।
चर्मावनद्धं द्विमुखं कृतं तन्मुरजाकृतिः(ति)॥८७॥
वसास्थाने निर्मिताश्च चर्मणो वध्रिका इमाः।
गङ्गायमुनके मुख्ये नागपाशाभिधाः पराः॥८८॥
एवमानद्धवाद्येषु मुरजाख्यं प्रकीर्तितम्।
साम्प्रतं शेषवाद्यनां किञ्चिल्लक्षणमुच्यते॥८९॥

इति मुरजलक्षणम्।।

चर्मानद्धमुखा ढक्का प्रायेण भूपतेर्हिता।
निःस्वनो भूपतेर्वाद्यं राज्यकार्येषु वाद्यते॥९०॥
वज्राकृतिस्तु ति(त्रि)वलिर्द्विमुखा नृत्यवाद्यगाः।
पटहा मार्गदेशाद्या भूपदेवगृहादिषु॥९१॥
आउजो लोकभाषायां धाउजयश्च खाउजा(खंदाउजपखाउजौ)।
मताः पट्टाउजश्चेति स्वस्वनामानुसारिणः॥९२॥
तथैव म्लेच्छवाद्यानि ढोल्लतब्लमुखानि तु।
डफा च टामकी चैव डउंडिः पादचारिणाम्॥९३॥
तथा डमरुको बुक्का दुद्दडी कुण्डली घटः।
चर्मावनद्धान्यन्यान्यथानद्धे सकलान्य(पि)॥९४॥

।।इति आनद्धवाद्यलक्षणम्।।

व्यासायामादिकं मानं रूपं वर्णाकृति(:)स्फुटम्।
वाद्याक्षरोत्पत्तिरीतिः स्वस्वस्थानकवादनम्॥९५॥

इत्यादि यन्मयानोक्तं ग्रन्थेऽस्मिन्बहुताभयात्।
वाद्यवादनदक्षेभ्यो ज्ञेयं तत्तद्यथारुचि॥९६॥ युग्मम्॥
एकैकस्मिन्सुवाद्ये तु सदभ्यासपरायणः।
सर्ववाद्योद्भवान्पाटान्प्रयुञ्जति(नक्ति) विचक्षणः॥९७॥
ततघनसुषिराख्यानद्धवाद्यानि तानि
प्रततविविधपाटैर्वादितानि प्रयत्नात्।
य इह सकलतालान्तेषु संयोज्य सद्यो
रचयति च सुनृत्यं सोऽग्रणीर्विज्ञपङ्क्तेः॥९८॥

॥इति श्रीमलधारिगच्छमण्डन वादीन्द्रश्रीराजशेखरसूरिशिष्यवाचनाचार्यश्रीसुधाकलशविरचिते स्वोपज्ञसङ्गीतोपनिषद्ग्रन्थसारोद्धारे चतुर्विधवाद्यप्रकाशनो नाम चतुर्थोऽध्यायः॥४॥छ॥

पञ्चमोऽध्यायः

प्राकारत्रयभूषिते मणिचिते यद्देशनाभूतले

सङ्गीतत्रयतत्परस्त्रिजगतीलोकः सहर्षोऽजनि।

सच्छत्रत्रितयोपशोभिततनू रत्नत्रयोद्योतक-

स्तस्याः प्राप्तिसुबोधिदो जिनपतिर्देयादमेयां मुदम्॥१॥

यस्मात् पञ्चेन्द्रियप्रीतिर्भवेच्च दुःखविस्मृतिः।

सदा सौख्यकरं तत्तु नृत्यं मूलादथ ब्रुवे॥२॥

प्रवेशे तीर्थयात्रायां, तथा भूपाभिषेचने।

विवाहे पुत्रजन्माद्ये उत्सवे नृत्यमिष्यते॥३॥

इन्द्राभ्यर्थनया पूर्वं वसिष्ठाय महर्षये।

उपदिष्टा नृत्यविद्या ब्रह्मणा ज्ञानमूर्त्तये॥४॥

नृत्यं सम्यक् परिज्ञाय स्वपुत्राणां शतेऽपि तत्।

निवेश्य तच्च पुत्रेभ्यो धात्रग्रे स त्वदर्शयत्॥५॥

शतपुत्रयुतो गत्वा स्रष्टुरादेशतस्ततः।

दर्शयामास तन्नृत्यं शक्राग्रे स्वसुतैर्मुनिः॥६॥

इन्द्रोपरोधात्तन्नृत्यं लास्यताण्डवसंयुतं।

रम्भोर्वशीमेनकाद्या ऋषिः पुत्रैरशासयत्॥७॥

नृत(त्तं) नरकृतं ज्ञेयं नृत्यं नारीकृतं मतं।

तथा नाट्यं नाटकं च नरनारीविनिर्मितम्॥८॥

सुकुमारं तु तल्लास्यं ताण्डवं विषमाङ्गभृत्।

सर्वभेदान्वितं स्वर्गे नृत्यं प्रववृते ततः॥९॥

स्वाङ्गेऽनुभूतं यद्गौर्या लास्यं तच्छक्तिजं स्मृतं।
विषमं ताण्डवं रौद्रं रुद्रेण स्वाङ्गनिर्मितम्।।१०।।
यथा स्वर्गेऽभवन्नृत्यं मर्त्यलोकेऽप्यथाजनि।
तेभ्यो वसिष्ठपुत्रेभ्यो भक्तभूपाङ्गनादिषु।।११।।
ततः प्रवृत्तः(त्तं) बहुधा भूतले कुशलैः कृतः(तम्)।
उषानाम्न्यां बाणपुत्र्यां लास्यं गौर्यास्ततोऽभवत्।।१२।।
गन्धर्वविश्वावसुनाऽभ्यस्य नृत्यं त्रिविष्टपे।
शिक्षितं चित्ररथाय स च पार्थमशासयत्।।१३।।
शिक्षिता चार्जुनेनापि विराटदुहितोत्तरा।
साभिमन्योश्च मरणाद्विसस्माराखिलं तु तत्।।१४।।
हरमाराध्य तत्तस्मात् प्राप्तं **पालकभूभृता।**
विस्तृतं पृथिवीपीठे तन्नृत्यं तु ततो जने।।१५।।
शास्त्राण्यालोक्य तत्किञ्चिन्मयापि प्रतिपाद्यते।
नृत्यं गात्रस्य विक्षेपो नृतेर्धातोर्भवत्पदः।।१६।।
स्यादङ्गोपाङ्गप्रत्यङ्गभेदेन त्रिविधं पुनः।
प्रत्येकं तेऽपि षड् भेदास्तेऽपि स्युः स्वस्वभेदिनः।।१७।।
शीर्षं हस्तौ च हृदयं तथा पार्श्वं कटिः पदौ।
इत्यङ्गा षडथो दृष्टिस्तथा भ्रूनासिकाधराः।।१८।।
कपोलौ चिबुकं चेत्युपाङ्गाः षडपि नामतः।
ग्रीवांसौ पृष्ठमुदरमूरूजङ्घायुगं तथा।।१९।।
प्रत्यङ्गाः षडमी ज्ञेयाः शीर्षभेदाः क्रमादथ।
शीर्षं दृग्दर्शनं तारापुटभ्रूनासिकाधराः।।२०।।
कपोलौ चिबुकं चैव वक्त्रं रागश्च (वक्त्ररागश्च) शीर्षगाः।
क्रमादेतान्प्रवक्ष्यामि **पूर्वग्रन्थानुसारतः**।।२१।।

रेचितं च परावृत्तमवधूतमधोमुखम्।
निकुञ्चितं तथोत्क्षिप्तमञ्चितं लोलितं शिरः।।२२।।
परिवाहितमाधूतं धूतमाकम्पकम्पितौ।
त्रयोदश स्युः शीर्षाणि तेषां लक्ष्माऽथ किञ्चन।।२३।।
रेचितं तु शिरस्तिर्यग्यानं स्याद्विस्मयादिषु।
शीघ्रयानात् परावृत्तमवधूतं निषेधने।।२४।।
अधोमुखं प्रणामादौ भूम्यालोके निकुञ्चितं।
ऊर्ध्वालोके तथोत्क्षिप्तं मनाग्नम्रं शिरोऽञ्चितम्।।२५।।
लोलनाल्लोलितं चैव दोलादौ परिवाहितं।
मदादौ तिर्यगाधूतं धुतं कोपेऽथ विस्मये।।२६।।
भयेऽवतारे चाकम्पं संज्ञादिषु च कम्पितं।
पूर्वाण्यष्टौ शिरांस्याहुर्नाट्ये सर्वत्र पञ्च तु।।२७।।

इति शिरोलक्षणम्।।

क्रुद्धा दृप्ता च दीना च हृष्टा स्निग्धा भयान्विता।
सलज्जा मुकुला शून्या विषण्णा मलिनाधरा।।२८।।
शङ्किता ललिता भ्रान्ता केकरा विष्णुता (विप्लुता) चला।
त्रस्ता च मलिना ग्लाना स्मेरा क्रूराभिनन्दिता।।२९।।
स्थिरोद्विग्ना परिम्लाना सकामा सभयाद्भुता।
हास्या वीरा सकरुणा शान्ता रौद्रा जुगुप्सिता।।३०।।
षट्त्रिंशद् दृष्टयोऽमूस्तु सान्वर्थत्वात्सलक्षणाः।
इत्युक्ता व्यभिचारिण्यः पूर्वाः शेषा रसान्विताः।।३१।।

इति दृष्टिलक्षणम्।।

दर्शनं चाष्टधा साचि विलोकितनिवर्तिते।
अवलोविकितमुल्लोकं समं वृत्तानिवर्तिते।।३२।।

तिर्यग्वीक्षणतः साचि सस्पृहं तु विलोकितं।
निवर्तितं व्याघुटितं सरलं त्ववलोकितम्।।३३।।
ऊर्ध्वदर्शनमुल्लोकं विकाररहितं समम्।
पुनः प्रवृत्तं तद् वृत्तं स्थिरस्थमनिवर्तितम्।।३४।।

इति दर्शनलक्षणम्।।

प्रवेशनं समुद्वृत्तं चलनं वलनं भ्रमः।
निष्कामः प्राकृतं पातो नवमं च विवर्तनम्।।३५।।
ताराकर्मेति नवधाऽधुना तल्लक्ष्म तूच्यते।
प्रवेशनं प्रवेशान्तः समुद्वृत्तं तु निर्गतम्।।३६।।
विलोकने च चलनं वलनं तिर्यगीक्षणात्।
भ्रमश्च जायते मोहे निःक्रामो (निष्क्रामो) बाह्यदर्शनात्।।३७।।
मूर्खेक्षणे प्राकृतं च पातोऽधोवीक्षणाद्भवेत्।
विवर्तनं समुद्वृत्तं नाट्यनृत्यानुगं च तत्।।३८।।

इति ताराकर्मलक्षणम्।।

नवधा पुटकर्माणि विश्लेषः कुञ्चितं समं।
प्रसृतं विवर्तितं च निमेषश्च वितालितम्।।३९।।
भ्रान्तं च स्फुरितं चैषां लक्षणं कथ्यतेऽधुना।
विश्लेषः पुटपार्थक्यं वक्रीभूतं तु कुञ्चितम्।।४०।।
समं समावलोकाच्च प्रसृतं तु प्रसारणात्।
विवर्तितं समुद्वृत्तं निमेषस्तु निमीलनम्।।४१।।
वितालं च भवेद्रौद्रं भ्रान्तं मोहादिसम्भवम्।
स्फुरितं स्पन्दितं चैतन्नृत्ये नाट्ये प्रयुज्यते।।४२।।

इति पुटकर्मलक्षणम्।।

चतुरं रेचितोत्क्षेपौ भ्रुकुटिः पातनं तथा।
कुञ्चितं सहजं चेति भवेद् भ्रूकर्म सप्तधाः।।४३।।
चतुरं त्वीषदुच्छ्वासं रेचितं ललितं मनाक्।
उत्क्षेपश्चोर्ध्वदृष्टित्वाद् भ्रुकुटिः कोपविह्वला।।४४।।
अधोगतिः पातनं स्याद्वक्रीभूतं तु कुञ्चितं।
सहजं च स्वभावस्थं नाट्ये नृत्ये रसेषु तत्।।४५।।

इति भ्रूकर्मलक्षणम्।।

विकूणिता च निभृता विकृष्टा सहजा नता।
सोच्छ्वासा चेति कथिता नासिका षड्विधा बुधैः।।४६।।
विकूणिता जुगुप्सायां निभृता निश्चला क्रमात्।
विकृष्टा चाभ्यसूयायां प्रसन्ना सहजा मता।।४७।।
नता श्लिष्टपुटा शोके सोच्छ्वासा हर्षयोगतः।
नृत्ये नाट्ये प्रयोक्तव्या नासिकेयं रसेष्वपि।।४८।।

इति नासालक्षणम्।।

सन्दष्टकं निसर्गं च श्लिष्टं च परिवर्तितम्।
वेपितं चापि रोषादौ पञ्चधाऽधरकर्म तु।।४९।।

इत्यधरलक्षणम्।।

कुञ्चितः कम्पितः फुल्लः क्षामः पूर्णः समस्तथा।
कपोलः षड्विधस्त्वेवं वामो वा दक्षिणोऽपि वा।।५०।।
कुञ्चितः शीतभीत्यादौ कम्पितो रोषभाषणे।
फुल्लो हर्षे तु रोगादौ क्षामः पूर्णसमौ सुखात्।।५१।।

इति कपोललक्षणम्।।

लेहनं कुट्टनं दष्टं खण्डनं वु(चु)क्कितं समम्।
छिन्नं च सप्तधा कर्म चिबुकस्याथ लक्षणम्।।५२।।

लेहनं लेह्यलेहादौ भीतत्रस्तेषु कुट्टनम्।
दष्टं तु दन्तदष्टादौ खण्डनं रोदनादिषु॥५३॥
वु(चु)क्कितं जृम्भिकादौ च स्वभावेषु समं मतम्।
व्याधौ भयादिके छिन्नं व्यवहाराश्रितं च तत्॥५४॥

इति चिबुककर्मलक्षणम्।।

प्रसन्नं सहजं रक्तं श्यामं वक्त्रं चतुर्विधम्।
प्रसन्नमद्भुतप्राप्तौ सहजं तु स्वभावजम्॥५५॥
रक्तमत्युग्ररोषादौ श्यामं दुःखादिसंस्मृतौ।
एवं स्वभेदयुक् शीर्षं प्रथमाङ्गं प्रकीर्तितम्॥५६॥

इति सभेदप्रथमाङ्गशीर्षलक्षणम्।।

शिरःकर्मानुगानीति ग्रीवाकर्माणि तानि तु।
ज्ञेयानि तद्विचारज्ञै रसे कण्ठे च तानि तु॥५७॥

इति ग्रीवाकण्ठस्कन्धलक्षणम्।।

द्वितीयाङ्गस्य हस्तस्य संज्ञा लक्ष्माप्यथोच्यते।
हस्तकर्माणि चारश्च क्रियाबाह्वादिहस्तकाः॥५८॥
अथ श्लेषो दोलनं च रक्षा विक्षेपधूनने।
परिग्रहाकर्षणे च वियोगाच्छेदनं ध्रुवम्॥५९॥
तर्जनं स्फोटनं यानं पार्थक्यं विरतिर्भ्रमः।
वृत्तिः प्रवृत्तिरुद्वृत्तिर्वेपनं चेति विंशतिः॥६०॥
हस्तकर्माणि चैतानि युज्यन्ते नाट्यनृत्ययोः।
एषामन्वर्थनामत्वांत्र लक्ष्म पृथगीरितम्॥६१॥

इति हस्तकर्माणि।।

उरोगः पृष्ठगश्चापि तथा पार्श्वगतोऽपि हि।
हस्तस्य चारस्त्रिविधो नृत्ये नाट्ये प्रशस्यते॥६२॥

इति हस्तचारः।।

व्यावर्तितोद्वेष्टिता चावेष्टिता परिवर्तिता।
हस्तक्रिया चतुर्द्धैवं लक्ष्म नामानुसारतः॥६३॥

इति हस्तक्रियालक्षणम्।।

प्रसारितोऽपविद्धश्चाधोमुखस्तिर्यगञ्चितौ।
ऊर्ध्वः पृष्ठानुगः पार्श्वानुगस्तु स्थिरचञ्चलौ॥६४॥
दशधैवं बाहुचारो लक्ष्म नामानुगं मतम्।
हस्तकानां चतुःषष्टिरथ संज्ञादिनोच्यते॥६५॥

इति बाहुचारलक्षणम्।।

पताकस्त्रिपताकश्च तथोक्तः कर्त्तरीमुखः।
अर्द्धचन्द्रो ह्यरालश्च शुकतुण्डश्च मुष्टिकः॥६६॥
शिखराख्यः कपित्थश्च तथैव खटिकामुखः।
शू(सू)चीमुखः पद्मकोशः सर्पशिरास्तथैव च॥६७॥
मृगशीर्षश्च ला(का)ङ्गूलोऽलपद्मश्चतुरस्तथा।
भ्रमरो हंसवक्त्रश्च हंसपक्षस्तथा मतः॥६८॥
सन्दंशः सुमुखश्चोर्णनाभः पक्षिरुतस्त्विति।
तेष्वसंयुतहस्तानां चतुर्विंशतिसङ्ख्यया॥६९॥
अथ लक्ष्म पताकस्य साङ्गुष्ठाङ्गुलयः समाः।
वक्रा त्वनामिका शेषं त्रिपताकं पताकवत्॥७०॥
पृष्ठगा तर्जनी शेषं पूर्ववत्कर्त्तरीमुखे।
वक्राङ्गुल्यस्त्वर्द्धचन्द्रे गलहस्तार्द्धचन्द्रवत्॥७१॥
अराले नम्रयाङ्गुष्ठस्तर्जन्या मिलितो भवेत्।
शुकतुण्डेऽनामिका तु वक्रा शेषमरालवत्॥७२॥
मुष्टिकेऽङ्गुष्ठ उपरि तलन्यस्ताङ्गुलीषु च।
शिखरेऽङ्गुष्ठकस्तूर्ध्वः शेषं मुष्टिकवद्भवेत्॥७३॥

अङ्गुष्ठपार्श्वगाङ्गुल्या कपित्थे पूर्ववत् परं।
कनिष्ठानामिका चोर्ध्वे वक्रे द्वे खटिकामुखे।।७४।।
शू(सू)चीमुखे तर्जनी च सरलान्यच्च पूर्ववत्।
ईषन्नम्राः पद्मकोशेऽङ्गुष्ठेऽङ्गुलीश्च मेलयेत्।।७५।।
नम्राङ्गुल्योऽङ्गुष्ठलग्नाः सान्वर्थे सर्पशीर्षके।
मृगशीर्षे कनिष्टोर्ध्वाऽङ्गुष्ठश्चोर्ध्वोऽन्यच्च(त्) पूर्ववत्।।७६।।
काङ्गुले तर्जनीमध्याङ्गुल्यावङ्गुष्ठकेवने(तने)।
आवर्तिताः करतले त्वङ्गुल्यश्चालपद्मके।।७७।।
चतुरे प्रसृतास्तिस्रोऽङ्गुल्यश्चोर्ध्वा कनीयसी।
भ्रमरे मध्यमाङ्गुष्ठलग्ना नम्रा प्रदेशिनी।।७८।।
तर्जनी मध्यमाङ्गुष्ठलग्नाग्रा हंसवक्त्रके।
हंसपक्षे कनीयस्यूर्ध्वाङ्गुल्यः कुञ्चिता मनाक्।।७९।।
तर्जन्यङ्गुष्ठसन्दंशः सन्दंशे मिलिताः पराः।
अङ्गुष्ठेऽङ्गुलयोर्न(यो न)प्रसंहता मुकुले समाः।।८०।।
पद्मकोशवदङ्गुल्यो नम्रास्तास्तूर्णनाभिके।
मध्यमाङ्गुष्ठसन्दंशो वक्राः पक्षिरुते पराः।।८१।।

(इति असंयुतहस्ताः।)

इत्यसंयुतहस्तानां लक्ष्मोक्त्वाऽथ त्रयोदश।
संयुताः कथयिष्यन्ते हस्ताश्च सप्तविंशतिः।।८२।।
अञ्जलिश्च कपोतश्च कर्कटः खटिकासनः।
खटिकावर्धमानश्चोत्सङ्गश्च निषधस्तथा।।८३।।
दोला (दोलः) पुष्पपुटश्चैव मकरो गजदन्तकः।
वर्धमानः सुनन्दश्चेत्युक्ता हस्तास्त्रयोदश।।८४।।
चतुरस्त्रौ तथोद्वृत्तौ तथा तलमुखौ स्मृतौ।
स्वस्तिकौ विप्रकीर्णौ चाप्यरालखटिकामुखौ।।८५।।

ललितौ चैव शूच्यास्यौ (सूच्यास्यौ) रेचितावर्धरेचितौ।
उत्तानावञ्चितौ चैव पल्लवौ सुनितम्बकौ॥८६॥
लताख्यौ करिहस्तौ च पक्षवञ्चितकौ तथा।
कुञ्चितौ गरुडपक्षौ दण्डपक्षौ तथैव च॥८७॥
ऊर्ध्वमण्डलिनौ पार्श्वमण्डलिनौ तथैव च।
उरोमण्डलिनौ चोरःपार्श्वार्धमण्डलौ तथा॥८८॥
मुष्टिकस्वस्तिकौ चैव नलिनीपद्मकोशकौ।
शीर्षानुवलितौ स्यातामुल्वणौ चेति संयुताः॥८९॥
सप्तविंशतिसङ्ख्यास्ते चैकत्र मिलिता युताः।
चत्वारिंशत् करा जाता एषां लक्ष्माथ कथ्यते॥९०॥
पताकाकारहस्ताभ्यां श्लिष्टाभ्यामञ्जलिर्नतौ।
कणोतो मध्यसुषिरौ विपरीतौ करौ यदा॥९१॥
कर्कटे च कराङ्गुल्यो भवन्त्यन्योन्यमध्यगाः।
अरालौ मणिबन्धस्थौ हस्तौ चेत्खटिकासनः॥९२॥
खटिकावर्द्धमानश्चेत् सन्मुखौ खटिकामुखौ।
उत्सङ्गस्थौ करौ चेत् स उत्सङ्गो जिनमूर्तिगः॥९३॥
निषधोऽयं पद्मकोशतुल्यौ लग्नौ करौ तथा।
द्वे द्वे लग्ने समेऽङ्गुल्यै दोलाख्यः समहस्तयोः॥९४॥
जलाञ्जलौ पुष्पपुष्टौ नम्रौ हस्तावधःस्थितौ।
ऊर्ध्वाङ्गुष्ठौ च मकरे पताकाख्यावधोमुखौ॥९५॥
पताकौ मणिबन्धस्थौ हस्तौ चेद्गजदन्तकः।
वर्द्धमाने करे स्यातां हंसपक्षौ पराङ्मुखौ॥९६॥
सुनन्दे मणिबन्धस्थौ शुकतुण्डौ करौ मतौ।
इति त्रयोदशकरास्संयुता नाट्यनृत्ययोः॥९७॥

(इति त्रयोदशसंयुतहस्ताः।)

वामोऽवामे परो वामे चतुरस्त्रौ करौ समौ।
हंसवक्त्रौ समुद्वृत्तावुद्वृत्तौ च तदा करौ॥९८॥
अन्योन्यं सन्मुखीभूतौ करौ तलमुखौ तदा।
मणिबन्धे भ्रमराख्यौ स्वस्तिकौ स्वस्तिकाकृती॥९९॥
पूर्वं तू स्वस्तिकौकृत्वा पर्यस्तौ चेत्प्रकीर्णकौ।
खटिकाख्योऽप्यरालश्चेदरालखटिकामुखौ॥१००॥
आवर्तितौ तु ललितावववाङ्मुखतलौ करौ।
मध्याङ्गुष्ठौ च शूच्याख्यौ(सूच्यास्यौ) करौ कुञ्चितकूर्परौ॥१०१॥
भ्रान्तौ हस्तौ हंसपक्षौ रेचितौ पार्श्वविस्तृतौ।
रेचितोद्वर्तितौ स्वातां करौ तावर्धरेचितौ॥१०२॥
त्रिपताकौ कपोलस्थौ चेत्तावुत्तानवञ्चितौ।
मणिबन्धे पद्मकोशौ शिथिलौ पल्लवौ करौ॥१०३॥
नितम्बे कोशबन्धाच्च करौ प्रोक्तौ नितम्बकौ।
लताख्यौ त्रिपताकौ चेल्लम्बितौ भ्रामितौ ततः॥१०४॥
त्रिपताकौ दोलितश्च पार्श्वस्थौ करिहस्तकौ।
यौ करौ शीर्षलग्नाग्रौ स्यातां तौ पक्षवञ्चितौ॥१०५॥
कुञ्चितौ तौ तु शिरसः पूर्वौ च परिवर्तितौ।
तौ करौ गरुडपक्षौ पताकौ पक्षवच्चलौ॥१०६॥
दण्डपक्षौ हंसपक्षौ व्यावृत्तौ परिवर्तितौ।
आरालावूर्ध्वदेशस्थावूर्ध्वमण्डलिनौ तदा॥१०७॥
तावेवावर्तितौ पार्श्वे पार्श्वमण्डलिनौ करौ।
उरोमण्डलिनौ वक्षस्यरालौ परिवर्तितौ॥१०८॥
ज्ञेयो हस्तौ तथान्वर्थावुरःपार्श्वार्धमण्डलौ।
खटिकाख्यौ मणिबन्धे मुष्टिकस्वस्तिकौ ततः॥१०९॥

पद्मकोशौ तथा स्यातां नलिनीपद्मकोशकौ।
मुष्टिकस्वस्तिकौ शीर्षे शीर्षानुवलितौ मतौ॥११०॥
ऊर्ध्वदेशे प्रसृतौ तूद्वेष्टिताङ्गौ तथोल्बणौ।
इत्युक्ताः संयुताः सर्वे चतुःषष्टिकरास्विति॥१११॥
एकस्मिहस्तकास्त्वेते हस्तेऽवाङ्मुखसम्मुखाः।
ऊर्ध्वाधोमध्यगाः पञ्चोभाभ्यां दश च तद्विदः॥११२॥

इति चतुःषष्टिहस्तकलक्षणम्।।

स्वभेदयुगद्वितीयाङ्गमुक्त्वाङ्गानां चतुष्टयम्।
प्रत्यङ्गभेदसंयुक्तमतो ब्रूमः क्रमादथ॥११३॥
हृदयोदरपार्श्वाणि कटिरूरुयुगं पुनः।
जङ्घायुगं पदाः (पदः) कर्म स्थानकानि पदो यथा॥११४॥
उद्वाहिंत समं चैवाभुग्नं निर्भुग्नमुन्नतम्।
वक्षः पञ्चविधं चेत्युद्वाहितं तूर्ध्वदर्शने॥११५॥
समं स्वभावसंस्थानादाभुग्नं मूर्च्छने नतं।
निर्भुग्नं निम्नपृष्टं स्याद्गर्वादावुन्नतं मतम्॥११६॥

इति हृदयलक्षणम्।।

खल्लमावर्तितं चैव क्षामं सहजमेव च।
प्रौढं पञ्चविधं चेत्युदरं खल्लमुत्क्रुधः (मुत्क्षुधम्)॥११७॥
आवर्तितं तु सान्वर्थं क्षामं हास्यादिनां भवेत्।
सहजं च स्वभावस्थं प्रौढ़मुच्छ्वसितं त्विति॥११८॥

इत्युदरलक्षणम्।।

प्रसारितं चापसृतं नतं व्यावर्तितं तथा।
समं पञ्चविधं पार्श्वमायामात्तत् प्रसारितम्॥११९॥

अपसृतं व्याघुटितं नश्री(म्री)भूतं नतं मतं।
व्यावर्तितं भ्रामणाच्च समं स्यात् सहजं त्विति:॥१२०॥

इति पार्श्वलक्षणम्।।

रेचितोद्वाहिता छिन्नोन्नता प्रोक्ता समा तथा।
कटिः पञ्चविधा चैव भ्रामणाद्रेचिता कटि:॥१२१॥
उद्वाहिता नता किञ्चित् छिन्ना मध्यस्य कर्षणात्।
उन्नतोच्छ्वासिता चोर्ध्वं स्वभावस्था समा त्विति॥१२२॥

इति कटिलक्षणम्।।

निवर्तितोद्वर्तिते च कम्पिता चलिता तथा।
स्तम्भिता पञ्चधा चैवमूरुश्चापि प्रकीर्तिता॥१२३॥
निवर्तिताभ्यन्तरस्था भ्रामितोद्वर्तिता मता।
कम्पिता चलिता चापि सान्वर्था स्तम्भिता स्थिरा॥१२४॥

इति ऊरुलक्षणम्।।

उद्वर्तितावर्तिता च भ्रामितोद्वाहिता नता।
समा स्थिरा रेचिता चेत्यष्टौ जङ्घास्तु सान्वया:॥१२५॥

इति जङ्घालक्षणम्।।

कुञ्चितश्चाञ्चितश्चैव रेचितोद्घटितौ पदा:।
नम्रस्तु कुञ्चितो मध्ये द्वितीय: सपदोऽञ्चित:॥१२६॥
यत्र भूस्पृग् भवेत् पार्ष्णिरूर्ध्वे चाग्रतले कृते।
तिर्यक्कृतश्च सूच्यंह्रि(च्यङ्घ्रिः)र्भ्रामितो रेचितो भुक्ति॥१२७॥
स्थित्वा पादतलाग्रेण पाष्ण्या भूमिर्विघट्यते।
उद्घाटित: स विज्ञेयस्तथैवाग्रतलेन च॥१२८॥

इति पादाः।।

ऊर्ध्वङ्गुष्ठं तथा स्थाणु घट्टितं चार्द्धघट्टितम्।
रेचितघट्टितं चैव परिवेषं च कुण्डलम्।।१२९।।
सप्तैवं पादकर्माणि तल्लक्ष्माप्यधुनोच्यते।
पादः पादस्य कर्माणि सर्वं पार्ष्णितलाश्रयम्।।१३०।।
यथा पट्टाउजे हस्ताङ्गुष्ठः कम्पयुतश्चलेत्।
ऊर्ध्वाङ्गुष्ठः पदस्तद्वदङ्गुष्ठे घृष्टभूतले।।१३१।।
स्याणुकर्मस्थिते पादे घट्टितं पार्ष्णिघट्टनात्।
अङ्गुष्ठघट्टनात् पार्ष्णोर्घट्टनाच्चार्द्धघट्टितम्।।१३२।।
हत्वांह्रि(त्वाङ्घ्रि)मंह्रि(मङ्घ्रि)णा घट्टन् तिर्यग्रेचितघट्टितम्।
परिवेषमङ्गुलीभिः क्रियते मण्डलाकृतिः।।१३३।।
कुण्डलं पार्ष्णिना स्थित्वा परितो ह्यग्रचालनात्।
उक्त्वेति पादकर्माणि स्थानकानि तु वच्म्यथ।।१३४।।

इति पादकर्मलक्षणम्।।

आयतं स्थानकं पूर्वं ललितं चावहित्थकं।
स्थानकत्रितयं चैतत् करणानां त्ववस्थितौ।।१३५।।
दक्षिणः स्यात् समः पादस्त्र्यस्त्रो वामस्तथायते।
शूच्या(सूक्ष्या)विद्धमविद्धं वा करणं ललिते न्यसेत्।।१३६।।
अश्वप्लुतादिकं योज्यं स्थानके चावहित्थके।

इति स्थानकानि।।

वैष्णवं समपादं च वैशाखं मण्डलं तथा।
प्रत्यालीढं तथालीढं षठ् स्थानानि विदुर्बुधाः।।१३७।।
पादयोरन्तरं सार्द्धतालयुग्मं च वैष्णवे।
समपादे समौ पादौ तालमात्रान्तरस्थितौ।।१३८।।
वैशाखे चरणौ त्र्यस्त्रौ सार्द्धतालत्रयान्तरौ।

मण्डले तु कटिसमौ त्र्यस्रौ तालान्तरौ पदौ॥१३९॥
दक्षिणोऽङ्घ्रिः पृष्ठनतो वामोऽग्रे यदि कुञ्चितः।
प्रत्यालीढं पञ्चतालमालीढं वैपरीत्यभृत्॥१४०॥

इति षट्स्थानलक्षणम्।।

केचिद्गीतविदः परे च विविधान्रागान्स्वरान्जानते।
केचित्सूडसुबन्धविज्ञहृदयाः केचित्प्रबन्धोद्धुराः।
केचिद्वाद्यविवादनैकमनसः केचिच्च तालोन्नताः
ये केचिच्च परं सुनृत्यमखिलं जानन्ति तज्ञां(तज्ज्ञां)स्तुमः॥१४१॥

इति मलधारिश्रीराजशेखरसूरिशिष्यवाचनाचार्यश्रीसुधाकलशविरचिते स्वोपज्ञ-सङ्गीतोपनिषद्ग्रन्थसारोद्धारे नृत्याङ्गोपाङ्गप्रत्यङ्गप्रकाशनो नाम पञ्चमोऽध्यायः।।छ।।

षष्ठोऽध्यायः

नाट्यं केऽपि च ताण्डवं च कतिचिल्लास्यं च केचिद्वारं
प्रोन्मीलत्करणाङ्गहारललितं नृत्यन्ति हृष्टाः सुराः।
प्राकारत्रितये निजस्थितिपरा वाद्यैस्तु यद्भक्तितो
ज्ञानोत्पन्नमहः स वोऽस्तु **सुखदस्तीर्थङ्करः** सद्गिरा॥१॥

लास्याङ्गनृत्यधारीणि करणानि भवन्ति हि।
अष्टोत्तरं शतं तेषां सङ्ख्या पूर्वर्षिकीर्तिता॥२॥
सनामान्यवे लक्ष्माणि करणानां समासतः।
वक्ष्येऽहं विषमादीनां तेषामन्यच्च किञ्चन॥३॥
यथैको जायते रागः स्वरग्रामादिभिर्धनैः।
स्वस्वाङ्गोपाङ्गप्रत्यङ्गनृत्याङ्गैः करणं तथा॥४॥
एकैकस्मिंश्च करणे भावाँस्तान्वक्ति कस्तथा।
कीर्त्यंते कार्यकर्त्र्यत्र हस्तपादादिसंस्थितिः॥५॥
वामे पुष्पपुटः पार्श्वे पादाग्रे तल (पादोऽग्रतल)संचरः।
यत्र तत्करणं ज्ञेयं **तलपुष्पपुटाभिधम्**॥६॥
व्यावृत्तो परिवृत्तौ च शुकवक्त्रौ यदा करौ।
ऊरू च वलिते यत्र करणं **वलितोरु** तत्॥७॥
ऊरुपृष्ठे यदावृत्य शुकतुण्डश्च पात्यते।
खटिकास्यः परो यत्र**ापविद्धं** करणं च तत्॥८॥
पादौ समनखौ श्लिष्टौ हस्तो यत्र प्रलम्बितौ।
निसर्गस्थं समं चाङ्गं तत् स्यात् **समनखाभिधम्**॥९॥

ऊर्ध्वीकृत्य करौ यत्र हृद्देशे च कृताञ्जलिः।
किञ्चित् प्रसारिता ग्रीवा **तल्लीनं** करणं भवेत्॥१०॥
ततो व्यावर्त्तितौ हस्तौ मणिबन्धोपरिस्थितौ।
रेचितौ स्वस्तिकौ यत्र तत् स्यात् **स्वस्तिकरेचितम्**॥११॥
हस्तापूर्ध्वतलौ यत्र व्यावृत्तौ मण्डलाकृती।
पश्चाच्च स्वस्तिकाख्यौ **स्यान्मण्डलस्वस्तिकं** तु तत्॥१२॥
निकुञ्चितौ यदा पादौ करौ च यदि रेचितौ।
रेचिता च कटी यत्र करणं तच्च **रेचितम्**॥१३॥
यत्राञ्चितौ करौ स्कन्धदेशस्थौ सम्मुखाङ्ली।
निकुट्टितौ यदा पादौ करणं **तन्निकुट्टितम्**॥१४॥
विवर्तितौ यदा हस्तौ यत्र छिन्ना कटिर्भवेत्।
मुहुर्मुहुश्च करणात्**कटीविद्धं** तदुच्यते॥१५॥
रेचितस्तु करौ वामौ दक्षिणः खटिकामुखः।
निकुट्टितपदो नम्रं पार्श्वे तच्चा**र्द्धरेचितम्**॥१६॥
मनाग् निकुञ्चितौ पादौ वक्षःस्थौ स्वस्तिकौ करौ।
कटिश्च वलिता यत्र त**द्वक्षःस्वस्तिकं** मतम्॥१७॥
पार्श्वं नम्रं नता दृष्टिर्यत्र हस्तौ च रेचितौ।
उत्प्लुत्योत्प्लुत्य गमन**मुन्मत्तं** करणं तु तत्॥१८॥
यत्र वामकरः पादौ दक्षिणाधःस्थितौ च तौ।
स्वस्तिकाकारतां यातौ **स्वस्तिकं** करणं तु तत्॥१९॥
व्यावृत्तावर्त्तितौ हस्तौ तौ पृष्ठे स्वस्तिकाकृती।
पादौ च स्वस्तिकाकारौ यत्र तत् **पृष्ठस्वस्तिकम्**॥२०॥
हस्तौ च चरणौ यत्र स्वस्तिकाकारधारिणौ।
वामांशे स्वस्तिकाकारात्तच्च **दिक्स्वस्तिकं** मतम्॥२१॥

रेचितं चरणं कृत्वा ह्यूर्ध्वजानुपरं पदं।
दक्षिणं व्यंसितं हस्तं यत्र तच्चो**र्ध्वरेचितम्**॥२२॥
पादौ निकुट्टितौ यत्र हस्तौ वक्षःकटीगतौ।
दक्षिणे सन्नतं पार्श्वे मुखं च त**त्कटीसमम्**॥२३॥
आक्षिप्य रेचितो वामो हस्तः पादस्तु दक्षिणः।
आक्षिप्य रेचितो वक्रो भवे**दाक्षिप्तरेचिते**॥२४॥
विक्षिप्तौ तु करौ पादौ तथाक्षिप्तौ करौ पदौ।
यत्र स्यातां क्रमादेवं **विक्षिप्ताक्षिप्तकं** च तत्॥२५॥
दक्षिणः करिहस्तः स्यात् शुकतुण्डाभिधः परः।
कटिछि(श्छि)न्ना भवेत् किञ्चिद्यत्रा**र्द्धस्वस्वितकं** तु तत्॥२६॥
करिहस्तस्तु यो हस्तो व्यावृत्यपरिवर्त्तितः।
शेषं पूर्वानुगं लक्ष्म यत्र स्या**दञ्चितं** तु तत्॥२७॥
खटिकावदनं वामं विधायोद्धृत्य कुञ्चितं।
दक्षिणोऽधोमुखो हस्तो **भुजङ्गत्रासितं** तदा॥२८॥
आकुञ्च्य दक्षिणं पादं वामोऽग्रे ध्रियते नतः।
व्यावृत्यावर्तितौ हस्ता**वूर्ध्वजानु** तदा भवेत्॥२९॥
कर्त्तरीवदनौ हस्तौ पादौ किञ्चिन्निकुञ्चितौ।
कटी नम्रा भवेद्यत्र करणं त**न्निकुञ्चितम्**॥३०॥
घूर्णयन्तौ पदौ यत्र तथान्योन्यप्रसारितौ।
व्यावृत्यावर्त्तितौ हस्तौ करणं तच्च **बृंहितम्**॥३१॥
श्लिष्टपार्ष्णी पदौ यत्र वामो हस्तश्च रेचितः।
क्रमेणावर्त्यते सोऽपि तद्भवेद् **वक्त्रमरेचितम्**॥३२॥
रेचितो दक्षिणो हस्तो दक्षिणोंऽह्नि(णोऽङ्घ्रि)र्निकुट्टितः।
दोलापवर्तितौ हस्तौ तद् **रेचितनिकुट्टितम्**॥३३॥

कर्त्तरीवदनौ हस्तौ नाभिदेशे च संस्थितौ।
शू(सू)चीविद्धावपक्रान्तावङ्घ्री(वङ्‌घ्री)**पादापविद्धके।।**३४।।
वदनं ललितं चैव त्रिकं च वलितं तथा।
शू(सू)चीमुखो भवेद् हस्तो यत्र तद् **वलितं** मतम्।।३५।।
घूर्णितो दक्षिणो हस्तो घूर्णितं च तथा शिरः।
घूर्णयन्तौ पदौ यत्र नम्रौ तद् **घूर्णितं** मतम्।।३६।।
यदा विवर्त्तितौ हस्तौ वामस्तु खटिकामुखः।
सर्वाङ्गं ललितं यत्र करणं **ललितं** तु तत्।।३७।।
ऊर्ध्वजानु पुरः कृत्वा न्यसेत् तत्र लताकरं।
किञ्चिन्नम्रे दितीयांह्रौ(याङ्घ्रौ) **दण्डपक्षा**भिधं तु तत्।।३८।।
भुजङ्गत्रासितं कृत्वा वामपार्श्वस्थितौ करौ।
रेचितौ वर्त्तितोद्वृत्तौ **भुजङ्गत्रस्तरेचिते।।**३९।।
कटिनम्रा नता ग्रीवा भवेद्धस्तौ लताभिधौ।
त्रिकं च वलितं पादौ नूपुरौ **नूपुरा**भिधे।।४०।।
अरालौ रेचितौ हस्तौ व्यावृत्तौ परिवर्तितौ।
वैशाखं स्थानकं यत्र तत् स्या**द्वैशाखरेचितम्**।।४१।।
रेचितोद्वर्तितो हस्तो वामस्तु वलिता कटी।
पादौ च स्वस्तिकौ यत्र तद्भवे**द्भ्रमरा**भिधम्।।४२।।
नाभीदेशे करौ यत्राञ्चितश्च खटिकामुखः।
व्यावृत्य स्थानमानीता कटिस्त**च्चतुरा**ह्वयम्।।४३।।
वामो लताकरो यत्र नितम्बे त्वञ्चितः परः।
भुजङ्गत्रासिते न्यासो **भुजङ्गाञ्चितकं** हि तत्।।४४।।
दण्डवद्रेचिते यत्र हस्तपादौ च तूर्ध्वगौ।
द्वितीयौ सरलौ स्यातां तद्भवेद् **दण्डरेचितम्**।।४५।।

दक्षिणो वृश्चिकः पादः स्वभावस्थः परः पदः।
निकु्कु(कु)ट्टितौ करौ यत्र तद् **वृश्चिकनिकुट्टितम्**॥४६॥
निकुट्टितौ यत्र पदौ हस्तौ चैव लताभिधौ।
कटिर्भ्रमणशीला च तदुक्तं **कटिरेचितम्**॥४७॥
वामो हस्तस्तथा पादो वृश्चिकाकारधारिणौ।
दक्षिणः स्याल्लताहस्तस्तद् **लतावृश्चिकं** तदा॥४८॥
त्रिपताको यदा हस्तौ व्यावृत्तो परिवर्तितौ।
वैशाखस्थानकछिन्ना कटी स्यात् **छिन्नकं** तदा॥४९॥
वृश्चिको दक्षिणः पादो रेचितो दक्षिणः करः।
किञ्चिन्नम्रा कटिर्यत्र तत्स्याद् **वृश्चिकरेचितम्**॥५०॥
स्यातामंसाञ्चितौ हस्तौ व्यावृत्तपरिवर्तितौ।
निकुट्टितौ पदौ **यत्रांसाञ्चितं** करणं मतम्॥५१॥

।।पाठान्तरम्।।

ऊरःस्थौ रेचितौ हस्तावूर्ध्वाधो विप्रकीर्णितौ।
आलीढं स्थानकं यत्र **वक्षोरेचितकं** तु तत्॥५२॥
किञ्चिन्नम्रस्तु वामोंऽह्नि(मोऽङ्ध्रि)र्दक्षिणस्तु निकुट्टितः।
वामांसोपरि सन्न्यस्तं सुखं **पार्श्वनिकुट्टिते**॥५३॥
ऊर्ध्वाधः संस्थितौ हस्तौ व्यावृत्तौ परिवर्त्तितौ।
आललाटं पदो वामो **ललाटतिलके** भवेत्॥५४॥
व्यावृत्य कर्त्तरीवक्त्रौ(वक्रौ) हस्तौ पार्श्वं तथा नतम्।
यत्र स्याद्रेचितः पादस्तत् **क्रान्तं** करणं मतम्॥५५॥
भूलग्नं दक्षिणं कृत्वा कुञ्चितोऽन्यः पदो यदा।
किञ्चिच्च कुञ्चितौ हस्तौ यत्र तत् **कुञ्चितं** 'भवेत्'॥५६॥
ऊरुदेशे करौ ज्ञेयौ दक्षिणश्च करोऽञ्चितः।
चक्राकारभ्रमो यत्र ज्ञेयं 'तच्'**चक्रमण्डलम्**॥५७॥

नितम्बे कुञ्चितौ हस्तौ स्वस्तिकापसृतौ पदौ।
नम्रं च दक्षिणं पार्श्वं **नितम्बस्वस्तिकं** च तत्।।५८।।
आक्षिप्तसंज्ञकौ हस्तौ पादौ चाक्षिप्तरेचितौ।
दृष्टिर्नता नतं पार्श्वं '**यत्राक्षिप्तं** तदुच्यते।।५९।।
आवर्तितौ पताकाख्यौ तावेव हि कृताञ्जली।
अंह्रि(अङ्घ्रि)रूर्ध्वाङ्गुलितलश्चैतत् **तलविलासितम्**।।६०।।
सार्धतालद्वयं पद्भ्यामन्तरं यत्र जायते।
हस्तावप्यन्तरं घत्तरतादृशं चा**र्गलं** तु तत्।।६१।।
वृश्चिकश्चरणो वामो यत्र वामो लताकरः।
विक्षिप्तं च मुखं पार्श्वं **विक्षिप्तं** करणं तु तत्।।६२।।
प्रलम्बितौ करौ यत्र दक्षिणश्चरणः पुरः।
प्रसार्यावर्तयेत् शीघ्रं तदा **वर्तितमु**च्यते।।६३।।
पादौ च दोलयेद्यत्र कुञ्चितानन्तरं बुधः।
करौ बाह्यतलौ कुर्याद् **दोलापादे** प्रलंम्बितौ।।६४।।
रेचितौ च करौ यत्र पार्श्वं चैव विवर्तितम्।
वामो निवर्तितोंऽह्रि(तोऽङ्घ्रि)स्तत् करणं **विनिवृत्तकम्**।।६५।।
पादौ तु स्वस्तिकाकारौ कृत्वा भ्रान्त्वा निवर्तितौ।
हस्तावपि तथैवात्र **निवृत्ते** करणे पुनः।।६६।।
पार्श्वक्रान्तं तदं कृत्वा पुरतो यत्र मुच्यते।
विवर्तितौ तथा हस्तौ **पार्श्वक्रान्तं** तदुच्यते।।६७।।
ललाटे स्यात्करो यत्र पृष्ठेंऽह्रिः(ष्ठेऽङ्घ्रिः) कुञ्चितो भवेत्।
अङ्गं नम्रं कटिर्नम्रा यत्र तत्**पृष्ठकुञ्चितम्**।।६८।।
पृष्ठतो वलितं शीर्षं तथा पादोऽपि दक्षिणः।
ऊर्ध्वाधः कुञ्चितौ हस्तौ तत् **शीर्षवलितं** मतम्।।६९।।

कृत्वा पादमतिक्रान्तं पुरो यत्र प्रसार्यते।
वामहस्तो मुखाग्रे स्याद् **अतिक्रान्तं** तु तत्पुनः॥७०॥
वामो लताकरो यत्र दक्षिणः पार्श्वगः करः।
विवर्तितं त्रिकं पादावाक्षिप्तौ तद् **विवर्तितम्**॥७१॥
पृष्ठतः पुरतो न्यस्य दक्षिणांह्रि(णाङ्घ्रि)र्यदा करः।
वामोंऽह्रि(मोऽङ्घ्रि)र्यः परश्चोर्ध्वस्तद् **गजक्रीडितं** तदा॥७२॥
तलसंस्फोटितौ हस्तौ पादौ भूपीठघातकौ।
भ्रमणं च चतुर्दिक्षु **तलसंस्फोटितं** तु तत्॥७३॥
अग्रतश्चरणं न्यस्य दक्षिणश्च नतः परः।
अञ्चितश्च करो गण्डे **गण्डसूचीति** तद्विदुः॥७४॥
भ्रान्ता कटी पदौ भ्रान्तौ त्रिकं च परिवर्तितम्।
अञ्चितौ च करौ यत्र तदुक्तं **परिवृत्तकम्**॥७५॥
जानूपरि पदो वामः समः स्याद्दक्षिणः पदः।
पार्श्वं च सन्नतौ हस्तौ यत्र तत् **पार्श्वजानुकम्**॥७६॥
पञ्चतालान्तरौ पादौ करौ चापि प्रलम्बितौ।
पुरोऽवलोकिनी दृष्टिर्भवेद् **गृध्रावलीनके**॥७७॥
हस्तौ प्रलम्बितौ यत्र पादौ च स्वस्तिकाकृती।
नम्रं पार्श्वं नतं वक्त्रं यत्र तत् **सन्नतं** मतम्॥७८॥
अङ्गुष्ठेन यदा भूमिस्ताड्यते पाद एव वा।
कुञ्चितश्च समौ हस्तौ यत्र **सूची** तदुच्यते॥७९॥
सर्वं सूचीगतं लक्ष्म करणे यत्र सम्भवेत्।
वामोऽञ्चितो नतो हस्तस्त्**वर्द्धसूचीति** तन्मतम्॥८०॥
दक्षिणश्चरणः पृष्ठे वामः स्यादग्रतो यदि।
सूच्यावृत्तौ करौ यत्र **सूचीविद्धा**भिधं हि तत्॥८१॥

अपक्रान्तः पदो यत्र दक्षिणः स्वस्तिकाकृती(तिः)।
करौ च मणिबन्धस्थौ करणं तद् **विलोलितम्**॥८२॥
यदा निकुट्टितौ पादौ दक्षिणः कुञ्चितं करः।
लताख्यश्च परो यत्र तदिदं **सर्पितं** स्मृतम्॥८३॥
दण्डाकारं भवेत् पादं निकुञ्च्याग्रे धृतं परम्।
आविद्धौ तु करौ यत्र **दण्डपाता**भिधं च तत्॥८४॥
अञ्चितः कुञ्चितः पृष्ठे हस्तः पादो मुखं तथा।
उत्प्लुत्योत्प्लुत्य गमनं यत्र तद् **हरिणप्लुतम्**॥८५॥
अर्द्धाङ्गं वलितं पृष्ठे शेषमर्द्धं तथाग्रतः।
कुञ्चितप्रान्तहस्तत्वादेतत् **प्रेङ्खोलितं** मतम्॥८६॥
रेचितौ च यदा बाहू हस्तौ चाभिमुखाङ्गुली।
चरणौ स्वस्तिकाकारौ **नितम्बे** तूत्प्लुतिस्तदा॥८७॥
व्यावृत्य चरणन्यासः कुञ्चितौ च करौ नतौ।
किञ्चिच्च सन्मुखीभूतं मुखं स्यात् **स्खलिते** पुनः॥८८॥
वामः पादो भवेत्पृष्ठे दक्षिणस्त्वग्रगो यदि।
नितम्बे कुञ्चितो वामो हस्तस्तत् **करिहस्तकम्**॥८९॥
रेचितो दक्षिणो हस्तो वामः शुकमुखो यदि।
निकुट्टितौ तथा पादौ यत्र तत्र **प्रसर्पितम्**॥९०॥
द्रुतं निवेशयेदग्रे वामोंऽह्रिः(मोऽङ्घ्रिः) पृष्ठतः परः।
पृष्ठेऽवलोकनं चापि **सिंहविक्रीडिते** भवेत्॥९१॥
कुञ्चितोऽर्द्धतलः पादो दक्षिणः स्यान्नतं शिरः।
कुञ्चितौऽसन्मुखौ हस्तौ **सिंहाकर्षण**संज्ञके॥९२॥
कुञ्चितौ कर्त्तरी वक्त्रौ(वक्रौ) करौ वक्षसि यत्र तु।
ऊर्वोः पार्ष्ण्योश्च सङ्घट्टात् **पार्ष्णिसङ्घट्टितं** मतम्॥९३॥

वामः प्रलम्बितः पादस्तथा हस्तः प्रलम्बितः।
दक्षिणः कुञ्चितो यत्र भवे**दुपसृतं** च तत्॥९४॥
पादाग्रे तलसञ्चाराद्धट्टितं भूतलं यदा।
पार्श्वविवर्तितं चैव **तलसङ्घट्टितं** तदा॥९५॥
लताख्यो दक्षिणो हस्तस्तथा वामश्च रेचितः।
नम्रौ पादौ नता ग्रीवा यत्र त**ज्जनितं** स्मृतम्॥९६॥
कुञ्चितो दक्षिणः पादः पतितोत्पतितः परः।
पादवच्च करो यत्र **पतितोत्पतितं** तु तत्॥९७॥
ऊर्वोः पा(प)दोश्च संश्लेषो मनाक् पार्श्वं नतं तथा।
ऊर्ध्वबाहुः करो वामः पादो**रुश्लिष्टके** भवेत्॥९८॥
निकुट्टितौ पदौ न्यस्य यत्रोत्प्लुत्य प्रवर्तनम्।
कुञ्चितौ रेचितौ हस्तौ तदे**लाक्रीडितं** मतम्॥९९॥
उ(ऊ)रौ विवर्तितौ पादौ रेचितौ ललितः करः।
लताभिधै (धः) परो यत्र त**दूरुवृत्त**मुच्यते॥१००॥
लतांभिधौ करौ पादौ शिथिलौ च नतं शिरः।
हावभावान्वितं वक्त्रं **मदनस्खलिते** भवेत्॥१०१॥
कुञ्चितोर्ध्वमुखे पादे द्वितीये चाग्रतः स्थिते।
हस्तौ दोलामुखोद्वृत्तौ **पादाक्रान्तं** विदुर्बुधाः॥१०२॥
लताभिधः करो वामो दक्षिणः कुञ्चितो यदि।
कटिच्छि(श्छि)न्ना पदौ नम्रौ **तल्लत्ताकुञ्चितं** भवेत्॥१०३॥
वक्षः कटिस्थितौ हस्तौ कुञ्चितौ च नतं मुखम्।
निकुट्टितः पदो वामस्तत् स्यात् **कटिनिकुट्टितम्**॥१०४॥
सन्मुखस्थाङ्गुली हस्तौ दक्षिणाङ्गस्थकूर्परो।
वामभागस्थितः पादो वाम **उद्घाटिते** भवेत्॥१०५॥

निकुट्टितः पदो यत्र कटिर्नम्राञ्चितौ करौ।
कुञ्चितोंऽह्नि(तोऽङ्घ्रि)र्नतं पार्श्वं **वृषभक्रीडिते** मतम्॥१०६॥
लोलितावर्तितं शीर्षं रेचितौ च तथा करौ।
पादौ च लोलितौ यत्र करणं तच्च **लोलनम्**॥१०७॥
स्वस्तिकापसृतौ पादौ दक्षिणाङ्गस्थितं मुखम्।
लतारेचितकौ हस्तौ नम्रौ **नागापसर्पितौ**॥१०८॥
हस्तश्च हृदये वामो दक्षिणस्तदधः करः।
नतं वक्त्रं नतौ पादौ **शकटास्ये** विदुर्बुधाः॥१०९॥
ऊर्ध्वीकृतः पदो वामो वामो हस्तश्च रेचितः।
उन्नतं च तथा वक्षो **गङ्गावतरणे** भवेत्॥११०॥
करणानां समानां चेत्युक्तमष्टोत्तरं शतम्।
विषमाणां च तल्लक्ष्म योगिनामासनेषु यत्॥१११॥

(इति करणानि)

द्वात्रिंशदङ्गहाराः स्युः करणैर्जनितास्तु ते।
भ्रमरीश्च तथा चारीर्द्वात्रिंशत्सम्मिता विदुः॥११२॥
अङ्गहारादिनामानि कथ्यन्ते तानि साम्प्रतम्।
तथा संज्ञाङ्गहाराणामथ सङ्क्षेपतस्त्विह॥११३॥
करणैस्त्रिभिः कलापश्चतुर्भिः खण्ड उच्यते।
सङ्घातः पञ्चभिस्तैश्चाङ्गहारः करणोद्भवः॥११४॥
हरिप्रियश्च पर्यस्तः सूचीविद्धोऽपविद्धकः।
आक्षिप्तो द्घट्टितौ चैव विष्कम्भश्चालिपल्लवः॥११५॥
भुजङ्गत्रस्ताञ्चितश्चैव करिसंस्फोटितस्तथा।
रेचितस्वस्तिकाद्यश्च पार्श्वस्वस्तिकसंज्ञकः॥११६॥
वृश्चिकापसृतोत्क्षिप्तौ निकुट्टो विलसन्मदः।
गतिमण्डल सङ्घट्टौ, परिच्छिन्नो भुजाञ्चितः॥११७॥

परावृत्ता लात पार्श्वच्छेदाख्यो(ख्या) विद्युतो भ्रमः।
उद्वृतश्च तथालीढो रेचितश्छुरितस्तथा॥११८॥
कटीच्छिन्नौ महोद्वृत्त स्तथा स्याज्जयदर्पकः।
अर्द्धनिकुट्टकश्चेति द्वात्रिंशत्सङ्ख्यया त्वमी॥११९॥

इत्यङ्गहाराः।

अन्तर्भ्रमरिका पूर्वा बाह्यभ्रमरिका ततः।
अलगभ्रमरी चैव चक्रभ्रमरिका परा॥१२०॥
छत्रभ्रमरिकाऽतश्च रेचितभ्रमरी तथा।
तिरिपभ्रमरी चैव चित्तभ्रमरिकाष्टमी॥१२१॥
प्रत्येकं ताश्चतुर्धा स्युर्नाभसी भूमिसम्भवा।
ऊर्ध्वस्थाधःस्थिता चेति भ्रमर्यो दन्तसम्मिताः॥१२२॥

इति भ्रमर्यः।

कटेरधोभवाश्चार्यस्ताः स्युः षोडश भूमिजाः।
षोडशाऽपि नभोजाता द्वात्रिंशत्सङ्ख्ययेति ताः॥१२३॥
स्थितावर्ता भ्रमतल्ली त्वेडकीक्रीडिताञ्चिता।
ऊरूद्वृत्तोत्सन्दिता च विच्यता(वा)रेचितोर्द्धिका॥१२४॥
शकटास्या च जनिता विद्धा वीची सुबाहुका।
उद्वेष्टिता च संश्लिष्टा भूमिचार्यस्तु षोडशः(श)॥१२५॥
विद्युद्भ्रान्ता दोलपादा दण्डा नूपुरपादिका।
अतिक्रान्तोर्ध्वजानुश्चालाताक्षिप्ताऽथ सूचिका॥१२६॥
भुजङ्ग घूर्णित्तोन्मत्ता सङ्क्षिप्ता तिर्यगञ्चिता।
उत्प्लुतालगसंस्थाना चार्यः षोडश नाभसाः॥१२७॥

इति चार्यः॥

एतल्लक्ष्माण्यल्पवाक्यैर्न ज्ञायन्ते यतस्ततः।
एतेषां लक्षणं चात्र नोक्तं ग्रन्थस्य गौरवात्॥१२८॥
कालेऽस्मिन्नर्त्तका मूर्खा विद्वांसः साधका न हि।
न नर्त्तकान्बिनाभ्यासः शास्त्रात् सिद्धिर्न तं बिना॥१२९॥
आबाल्यात्कपिवत्ते हि साध्यन्ते तैः स्वभाषया।
स्वाभ्यासभाषया ते तज्जानते नाट्यभाषया॥१३०॥
नृत्याङ्गाख्या गिरः क(का)श्चिद् वक्ष्ये नर्त्तकभाषया।
विशेषतो हि सिद्ध्यन्ति चौरवत्ते स्वभाषया॥१३१॥

तद्यथा–मूलश्रमु(मउ) चालश्रमु(मउ) दण्डवाडश्रमु(मउ) बइठा अलीढ।
ऊमी अलीढ। चित्रवाडु(डउ) झलकणी।

एते सप्तश्रमाः।

अन्येऽपि **नृत्यभावाः**—गाडलुल्यु(ल्यउ)।
पावटउ। माछलियउ सिहरियउ। तिरपिउ।
बइठी छडक। ऊभी छडक। आविंडु(।) पाछिंडु।
एकसरा(।) दुसरा प्रमुखाः।

नृत्यस्याङ्गानि चैतानि तथान्यान्यपि साधकः।
कथं नु साधयेत् कुत्रेत्यभ्यासार्थमिह ब्रुवे॥१३२॥
शुभे दिने चन्द्रबले नृत्येऽभ्यासं समारभेत्।
सिकतासहिता रङ्गभूमिस्तत्र प्रकल्प्यते॥१३३॥
शारदां च नमस्कृत्य **चण्डिकां नाट्यदेवतां**।
परिच्छदं च सम्पोप्योपाध्यायं तु प्रपूजयेत्॥१३४॥
नृत्योपजीवी कन्या वा राजकन्याथ कौतुकी।
तत्र मूलश्रमाभ्यासं कुर्यात्प्रातर्बुभुक्षितः(ता)॥१३५॥

कृताभ्यासे तदङ्गज्ञात् कारयेदङ्गमर्दनाम्।
बह्वम्भसाभिषिच्यामुं पोषयेत् स्निग्धभोजनैः॥१३६॥

समस्ताभ्याससंयुक्ता नर्त्तकी पात्रमुच्यते।
पट्टबन्धे कृते पात्रं राज्ञोऽग्रे नृत्यमाचरेत्॥१३७॥

महोत्सवे विवाहादौ कर्तव्यं नृत्यमुत्तमं।
वादनाद्गजरस्याथ पात्रं स्याच्चरणान्वितं॥१३८॥

कुर्यात्पुष्पाञ्जलिक्षेपं पात्रं रङ्गाङ्गणे ततः।
गीतवाद्यानुगं नृत्यं कुर्याच्छुष्कं न तत् क्वचित्॥१३९॥

इति पद्धतिलक्षणम्।।

तूर्यत्रयनिधिः श्रीमान्दक्षः शृङ्गारकीर्तिभाक्।
गुणागुणविशेषज्ञो दाता शस्यः सभापतिः॥१४०॥

इत सभापतिलक्षणम्।।

सावधानास्तु मध्यस्थाः प्रयोगज्ञा बहुश्रुताः।
सुकुमारगिरो दानशूराः सभ्याः स्युरुत्तमाः॥१४१॥

इति सभ्यलक्षणम्।।

दातारो नृपपार्श्वस्थाः सुगुणज्ञा बहुश्रुताः।
विवेचकाश्च श्रीमन्तो ये लोकास्तन्मया सभा॥१४२॥

इति सभालक्षणम्।।

तेषां कलावतां मध्ये मुख्यो वाङ्मयकारकः।
शास्त्रज्ञश्च प्रयोगज्ञः सम्यग्गीतकरो मतः॥१४३॥

इति बइकारलक्षणम्।।

गन्धर्वो बहुगीतज्ञो माधुर्यात् श्रुतिसौख्यकृत्।
यद्गीतेन जनः सर्वो रज्यते स तु रञ्जकः॥१४४॥

इति गन्धर्वरञ्जकलक्षणम्।।

सुगीतनृत्यवाद्यैस्तु मनो यस्य न रज्यते।
स पशुर्नररूपस्थो दाता चेन्नाकृती स च॥१४५॥
आलोच्यं शास्त्रपाथोधिं ज्ञानश्रीर्या प्रकाशिता।
तया त्रिभुवनं सर्वं सुखीभवतु शाश्वतम्॥१४६॥
बध्नीत धृतिं विबुधाः पण्डितजनवल्लभार्थबद्धेऽस्मिन्।
सङ्गीतोदधिसारे सुशास्त्ररत्ने निरुपमाने(तु)॥१४७॥
बुधपितृसोमाल्हादिनि तद्दर्शनजातसुरसकल्लोले।
क्रीडत सङ्गीताब्धावेतद्वाक्यप्रवाहेण॥१४८॥
राजानः प्रतिबोधिताः कति कति ग्रन्थाः स्वयं निर्मिताः।
वादीन्द्राः कति निर्जिताः कति तपांम्युग्राणि तप्तानि च।
श्रीमद्हर्षपुरीयगच्छमुकुटैः श्रीसूरिसुत्रामभिः
सच्छिष्यैर्मुनिभिश्चा वनिनवरं(श्चवानितवरं) वागीश्वरीतन्मितम्॥१४९॥
तद्गच्छे**ऽभयदेवसूरि**सुगुरोः **श्रीकर्णभूपेन** यत्
संज्ञा **साम**लधारिणोऽपि **मलधारी**ति स्वयं निर्मिता।
तद्वंशे **नरचन्द्रसूरि**रभवत् **सच्छास्त्रसङ्गीतभृत्**।
तस्माच्छ्री**तिलका**भिधो गुरुरभूद्यद्दत्तदीक्षस्त्वहम्॥१५०॥
तत्पट्टाद्रिरविश्चिरं विजयतां सन्मार्गसन्दर्शकः
सूरीन्द्रः किल **राजशेखर**गुरुर्वादीभपञ्चाननः।
शिष्यस्तस्य पुनः **सुधाकलश** इत्याख्यां दधानो व्यधात्
सङ्गीतोपनिषत्सुसारमखिलं विज्ञानिसौख्याय यत्॥१५१॥
सङ्गीतोपनिषद्ग्रन्थं खांष्टाग्निशशिवत्सरे।
ऋतुशून्ययुगेन्द्वब्दे तत्**सारं** चापि निर्ममे॥१५२॥

॥ इति श्रीमलधारिगच्छमण्डन-वादीन्द्र-श्रीराजशेखरसूरिशिष्यवाचनाचार्य- श्रीसुधाकलशविरचिते स्वोपज्ञसङ्गीतो-पनिषद्ग्रन्थसारोद्धारे नृत्यपद्धतिप्रकाशनो नाम षष्ठोऽध्यायः॥छ॥

परिशिष्ट

अध्याय विवरण	श्लोकसंख्या
प्रथमोऽध्याय : (गीतप्रकाशनो नाम)	१-९५
जिनस्तुतिः	१
भारतीस्तुतिः	२
गुरूनमस्कारः	३
पूर्वग्रन्थकाराणामुल्लेखः	४
गीतस्तुतिः प्रशंसा च	५-७
देशी-व्याख्या	८
गीतं स्वराश्च	९-११
पिण्डोत्पत्तिः नादोत्पत्तिश्च	१२-३०
गीतम्	३१-३२
प्रबन्धाः	३२-३७
रूपकम्	३८-४१
अङ्गषट्कम्	४३-४५
जातयः सूडाश्च	४६-५१
ध्रुवाः	५२-६८